DET AUTENTISKA KARIBISKA SMAKER KOKBOK

100 NYA ENKLA, HÄLSOSAMMA OCH LÄCKRA RECEPT

ROLAND LINDQVIST

Alla rättigheter förbehållna.

varning

Informationen i den här e-boken är avsedd att fungera som en omfattande samling av strategier som utforskats av författaren till den här e-boken. Sammanfattningar, strategier, tips och tricks är endast författarens rekommendationer, och att läsa den här e-boken garanterar inte att dina resultat kommer att återspegla författarens resultat. Författaren till e-boken har gjort alla rimliga ansträngningar för att tillhandahålla aktuell och korrekt information till e-bokens läsare. Författaren och hans bidragsgivare ska inte hållas ansvariga för eventuella oavsiktliga fel eller utelämnanden som kan hittas. Materialet i e-boken kan innehålla information från tredje part. Tredjepartsmaterial innehåller åsikter som uttrycks av deras ägare.

E-boken är Copyright © 2022 med alla rättigheter förbehållna. Det är olagligt att vidaredistribuera kopior eller skapa härledda verk från denna e-bok helt eller delvis. Ingen del av denna rapport får reproduceras eller vidaredistribueras i någon form utan uttryckligt och undertecknat skriftligt tillstånd från författaren.

INNEHÅLLSFÖRTECKNING

INNEHÅLLSFÖRTECKNING..3
INTRODUKTION..7
FRUKOST OCH BRUNCH..8
   1. Ultimate Scrambled Ackee Breakfast...9
   2. Ackee och "Saltfisk"..12
   3. Caribbean Doubles..15
   4. Brödfrukt och kokt ägg sallad...19
   5. Hallongrillade våfflor..21
   6. Karibisk havregryn..23
   7. Kokosmjölspannkakor med havsmossa..25
   8. Skorfri Calalloo Quiche..27
   9. Pumpa kryddad fransk toast...29
   10. Keto pumpa bröd limpa..31
   11. Pumpapaj kryddade våfflor..34
FÖRRET OCH SNACK..36
   12. Kokos mandel droppar...37
   13. Keto Ackee Biffar..39
   14. Keto Alcapurrias...43
   15. Karibiska chips med aprikossalsa..46
   16. Stekt brödfrukt...48
   17. BBQ Chicken Sliders..50
   18. Blomkålsaptitretare...52
   19. Pumpa kaka bites...54
HUVUDRÄTT..56
   20. Mofongo...57
   21. Caribbean Jerk Grillad Aubergine...59
   22. Keto Rasta Pasta...62
   23. Keto karibiskt salt "fisk"..65
   24. Spenatsallad med brödfrukt...67
   25. Varm och fruktig karibisk coleslaw...70

26. Grillad Jerk Tofu med Ananas Salsa ... 72
27. Caribbean Jerk Jackfruit ... 74
28. Jamaica Grillad jerk chicken ... 77
29. Jamaica stil hasselnötskyckling ... 79
30. Ackee och Saltfish ... 81
31. Jamaica Jerk Chicken ... 83
32. Caribbean Beef Patty ... 85
33. Spring ner ... 87
34. Karibisk oxsvansrätt ... 89
35. Karibisk callaloo ... 91
36. Getcurry i en traditionell gryta ... 93
37. Okra stekt ris ... 95
38. Karibisk nötköttssoppa ... 98
39. Saltfisk Buljol ... 101
40. Karibiska musslor ... 104
41. Keto Caribbean Jerk Chicken ... 106
42. Karibisk curry kyckling ... 109
43. Kryddad pumpasoppa ... 111

SMÅRÄTTER ... 114

44. Keto Callaloo ... 115
45. Keto svamp pilaff ... 117
46. Keto coleslaw ... 119
47. Vegetabiliskt medley ... 121
48. Rostade gröna pekannötsbönor ... 123
49. Stekt grönkålsgroddar ... 125
50. Lätt keto gräddad spenat ... 127
51. Krämig blomkål ... 129
52. Stekt grönkålsgroddar ... 131

WRAPS OCH SMÖRGÅR ... 133

53. Jerk Jackfruit Wrap ... 134
54. Köttbiffar ... 136
55. Varm Veggie Wrap ... 139

56. Bacon, avokado och kycklingmacka 141

57. Caribbean Jerk Chicken Salat Wraps 143

58. Grillad ost macka 145

SOPPA, GRYTOR OCH KARRIER 148

59. Nötkött gumbo 149

60. Karibisk curry 151

61. Caribbean Black-Eyed Pea Curry 153

62. Curry pumpa 155

63. Gungo ärtsoppa 157

64. Grädde av pumpasoppa 159

65. Snake kalebass 161

66. Stuvad Calaloo 163

67. Kokosräksoppa 165

68. Lågkolhydratkaribisk currykyckling 168

69. Karibisk brun gryta kyckling 170

70. Kokosmjölk Conch Chowder 173

71. Karibisk squashsoppa 175

72. Karibisk räksoppa 178

EFTERRÄTT 181

73. Ananas kokos tårtor 182

74. Bammie 185

75. Callaloo Quiche 187

76. Gizadas 190

77. Totoes 192

78. Jamaica sorbet 194

79. Guava Pudding 196

80. Grillad ananas och rom 198

81. Tamarindboll 200

82. Majsmjöl Pudding 202

83. Jordgubbsslushy med havsmossa 204

84. Ackee & Sea Moss Mousse 206

85. Irish Moss Fruit Gel Dessert 208

86. Pumpa bröd 211

87. Karibisk pumpapaj 213

SMOOTHIES OCH DRYCK **215**

88. Tropisk fruktmousse 216

89. Coquito 218

90. Sorreldryck 220

91. Soursop Drink 222

92. KaribienSea Moss drink 224

93. Sorreldryck 226

94. Jamaica kylare 228

95. Caribbean Planters punch 230

96. Café Calypso 232

97. Tropisk smoothie 234

98. Gurkspenat smoothie 236

99. Krämig kakaomossa 238

100. Hot Sea Moss Smoothie Blend 240

SLUTSATS **242**

INTRODUKTION

Maten i Karibien representerar en fascinerande blandning av kulturer. Öarna har influenser från Afrika, Ostindien, Kina, Sydamerika, Europa, Sydostasien, Syrien och Libanon. Var och en av dessa kulturer har satt sin egen unika prägel på maten i regionen och utvecklas på sitt eget sätt för att producera en ny typ av fusionsmat som är aptitretande, kryddig och utsökt. Och detta är vad Caribbean Flavors handlar om.

Här hittar du recept som återspeglar den autentiska och inhemska maten från de olika öarna.

FRUKOST OCH BRUNCH

1. Ultimate Scrambled Ackee Breakfast

FÖRBEREDELSETID:15 minuter
TILLAGNINGSTID:45 minuter

INGREDIENSER
- 4 bagels halverade
- 2 skivade avokado
- 1 kvantitet Smoky Aubergine
- 4 matskedar pumpafrön
- 1 msk finklippt gräslök
- en näve hackad färsk koriander
- 1 lime skuren i 4 klyftor, att servera
- För den rökiga auberginen
- 2 auberginer skivade i fjärdedelar, på längden
- 1 tsk vitlöksgranulat
- 1 msk flytande rök eller sojasås
- 1 msk sojasås eller Coconut Aminos
- 1 tsk Worcestershiresås
- 2 msk olivolja plus extra för smörjning
- salt-
- svartpeppar

FÖR ACKEE SCRABLE
- 1 matsked vegetabilisk olja
- 1 lök finhackad
- 2 vårlökar fint hackade
- 3 vitlöksklyftor fint hackade
- blad från 2 timjankvistar
- 1 tsk mald gurkmeja
- 2 grovhackade plommontomater
- 1 liten färsk röd chili urkärnad och finhackad
- 1 msk näringsjäst
- 540 g ackee avrunnen
- 1 msk färsk limejuice
- salt-
- svartpeppar

VÄGBESKRIVNING:

a) Värm ugnen till 180°C fläkt.
b) Gör först den rökiga auberginen. Klä en plåt med bakplåtspapper eller smörj med olivolja. Skiva auberginekvartarna på längden i 2-3 mm strimlor. Blanda alla övriga ingredienser i en skål och krydda. Pensla aubergineskivorna med marinaden och grädda på den förberedda plåten i 15 minuter. Ta ut ur ugnen, pensla igen med marinaden och koka i ytterligare 15 minuter. När den är kokt, låt svalna.
c) Få ackée att klättra. Häll vegetabilisk olja i en medelstor kastrull på medelhög värme, tillsätt löken och vårlöken och fräs i fem minuter tills den mjuknat, tillsätt sedan vitlök, timjan, gurkmeja, tomater och chili, krydda med peppar och fräs i ytterligare fem minuter.
d) Strö i näringsjästen och tillsätt sedan ackee. Ge detta en försiktig blandning för att belägga ackee med alla andra ingredienser och låt sedan värmas igenom i fyra till fem minuter. Ackee är ömtålig så blanda inte för mycket, annars blir det mos.
e) Ta av från värmen, tillsätt limesaften och en halv tesked salt och blanda försiktigt.
f) Rosta under tiden bagelhalvorna och lägg två halvor på varje plåt.
g) Lägg till några av ackee-röran på den nedre halvan av varje bagel, tillsammans med några skivor avokado och rökig aubergine, strö sedan över pumpafrön, gräslök och koriander innan du lägger till den övre halvan av bagelen.
h) Servera varje fylld bagel med en limeklyfta för att pressa över.

2. Ackee och "Saltfisk"

Förberedelsetid 20 minuter
Koktid 20 minuter
GÖR 6

INGREDIENSER
- 'Salt fisk'
- 1 burk 14 oz./396g Hearts of Palm
- 1 kopp filtrerat vatten
- 1 msk havssalt
- 2 tsk kelp eller nori flingor
- Ackee
- 1 lb. kokt ackee
- Upp till 2 matskedar kokosolja
- 4 vitlöksklyftor fint tärnade
- 2 grovhackade plommon- eller romatomater
- 1 medelstor paprika grovt hackad
- ½ rödlök grovt hackad
- 3-4 stjälkar färsk timjan stjälkar bort
- ¼ av skotsk motorhuv
- 3 stjälkar skivad salladslök
- havssalt och mald svartpeppar efter smak

VÄGBESKRIVNING:
a) Ta upp varje bit ur saltlaken och skär dem på mitten, sedan diagonalt, och strimla dem sedan lite.
b) Tillsätt en kopp vatten och en matsked salt som är din saltlake. Rör om försiktigt för att blanda. Jag lägger också i några kelpflakes för att lägga till den fiskiga smaken. Lång historia kort, du vill se till att hela behållaren med vegansk saltfisk är täckt med saltlake. Ställ åt sidan och låt den koka i minst 30 minuter, upp till några timmar.

Ackee

c) Hetta upp en matsked kokosolja i en panna. Lägg i vitlök, tomater, paprika och lök och koka ner tills den är mjuk och

löken är genomskinlig, i cirka 5-8 minuter. Tillsätt timjan och rör om.
d) Nu ska vi lägga till din veganska saltfisk! Häll av saltlaken, skölj väl och klappa torrt. Se till att värmen är varm och tillsätt saltfisken i kryddorna. Om det ser torrt ut, tillsätt ytterligare ett par teskedar olja. Rör om och låt saltfisken bli knaprig med kryddorna i ca 5 minuter.
e) Vid denna tidpunkt, lägg i din färdigkokta ackee.
f) Rör försiktigt med allt, speciellt om du använder Ackee eftersom det är känsligt och du inte vill att det ska gå sönder. Du vill krydda om rätten med lite mer salt och toppa det hela med mycket svartpeppar.
g) Ta bort från värmen och servera tillsammans med Callaloo, stekt plantain och/eller dina favorittillbehör. Ät och njut!
h) Ackee och saltfisk kan förvaras i en behållare i kylen i upp till några dagar. Värm helt enkelt upp i mikrovågsugnen eller tillbaka på spishällen tills den är varm igen. Callaloo kan värmas upp på samma sätt. Jag rekommenderar att du bara lagar tillräckligt med groblad när du behöver det eftersom det smakar bäst färskt!

3. Caribbean Doubles

GÖR: runt 16
INGREDIENSER
BARA
- 195g/1,5 koppar starkt vitt mjöl
- 195 g/1,5 koppar vanligt mjöl
- 1 tsk havssalt
- 1 tsk mald gurkmeja
- 1 tsk mald spiskummin
- 1 tsk Bakpulver
- 2 tsk aktiv torkad jäst
- 3 matskedar olivolja
- 360 ml/1,5 koppar ljummet varmt vatten
- Vegetabilisk olja, för stekning

CURRY
- 4 matskedar vegetabilisk olja
- 1 lök, finhackad
- 4 vitlöksklyftor, hackad
- 1 Scotch Bonnet Chili
- Ingefära i tumstorlek
- 2 tsk havssalt
- 1 tsk Gurkmeja
- 1 tsk All Spice
- 1 tsk mald koriander
- 1 tsk mald spiskummin
- 1 tsk paprika
- 4 koppar kikärter
- 1 burk kokosmjölk
- 2 msk tomatpuré
- 1 msk kokosmjöl
- Juice 1 lime
- Handfull hackad koriander

GURKSALSA
- 1 gurka, rivet kött, frön borttagna
- 1/2 tsk havssalt

- Nyp chiliflakes

GARNIER
- Kokosyoghurt
- Grön chilisås
- Färsk koriander
- Tamarindsås

VÄGBESKRIVNING:
a) Gör först degen till Bara's.
b) Tillsätt alla torra ingredienser i en stor mixerskål eller elektrisk mixer och blanda väl. Tillsätt olivoljan och varmt vatten och blanda sedan långsamt.
c) Knåda degen i 8 minuter på medelhög inställning, om du gör detta för hand, tillsätt ett stänk av mjöl på arbetsytan och händerna innan du knådar. Om din deg ser lite för blöt ut tillsätt mer mjöl och om den är för torr tillsätt lite mer vatten.
d) Efter 8 minuters knådning, smörj en mixerskål lätt med olja, lägg sedan degen i skålen och täck med en fuktig köksduk. Låt skålen vara varm i 45 minuter – eller tills degen har dubbelt så stor storlek.
e) Medan degen jäser gör du din curry.
f) Tillsätt vegetabilisk olja i en stor kastrull och ställ sedan över medelvärme.
g) Tillsätt lök, vitlök, chili och ingefära och koka i 10 minuter – rör om ofta. När löken är fin och gyllene. Tillsätt kryddorna och koka i ytterligare 4 minuter, tillsätt sedan kikärtorna och rör om väl så att de blir snyggt täckta.
h) Tillsätt kokosmjölken och tomatpurén och rör om väl.
i) Låt curryn sjuda i 15 minuter innan du tillsätter kokosmjöl, lime och hackad koriander – håll varmt tills du ska servera.
j) För att göra gurksalsan, blanda helt enkelt alla ingredienser i en mixerskål.

k) Tillbaka till Bara's, mjöla lätt din arbetsyta och ta upp din jästa deg ur skålen.
l) Rulla degen till en stor form och skär den i 16 lika stora bitar. Rulla varje paj till en 1 cm tjock cirkelform (cirka 5 tum i diameter) med hjälp av en kavel. Jag mjölar lätt var och en och lägger dem sedan på smörpapper.
m) Tillsätt oljan i en stor kastrull och ställ sedan kastrullen på medelhög värme, se till att oljan bara kommer halvvägs upp på sidan av kastrullen, något högre och det kan vara farligt.
n) När oljan är varm (testa genom att doppa en träslev i oljan – om skeden bubblar är oljan tillräckligt varm) lägg försiktigt en bit deg i oljan & stek i 2 minuter på varje sida. Använd en spindel för att försiktigt vända Barra. När den är gyllene och bubblig, ta bort bara och lägg den på en tallrik klädd med hushållspapper för att suga upp åtkomstolja. Upprepa processen för resten av degen. Stek bara 1 åt gången.
o) För att servera, lägg två barer på en bit smörpapper & toppa med en rejäl mängd av curry, gurksalsa & resten av garneringen.

4. Brödfrukt och kokt ägg sallad

INGREDIENSER

- En medelstor brödfrukt, inte riktigt mogen
- Senap - Dijonsenap, 125 ml (½ kopp)
- Lök - 3 små spanska lökar, finhackad
- Olivolja - 125 ml (½ kopp)
- Lime - Saft av 5
- Majonnäs - 250 ml (1 kopp)
- Ägg - 5 hårdkokta
- Schalottenlök - 4 gröna, tunt skivade
- Gräslök 125 ml (½ kopp)
- Vitlök - 3 klyftor, grovt hackade
- Pepparsås - 5 ml
- Salt - kosher (efter smak)

VÄGBESKRIVNING:

a) Skala och kärna ur brödfrukten, tärna i 2 cm tärningar och koka tills de är mjuka men fasta. Dränera. Skala och tärna hårdkokta ägg; hacka lök - lägg till Brödfrukt med olivolja och limejuice.

b) Tillsätt majonnäs, skivad schalottenlök, hackad gräslök och hackad vitlök. Vispa. Tillsätt pepparsås och koshersalt efter smak. Vispa.

c) Kyl i minst en timme. Vispa. Servera kall.

5. Hallongrillade våfflor

GÖR: 2
TOTAL TID: 10 minuter

INGREDIENSER
VÅFFELRNA
- 1/2 kopp mandelmjöl
- 2 msk linfrömjöl
- 1/3 kopp kokosmjölk
- 1 tsk vaniljextrakt
- 1 tsk Bakpulver
- 2 matskedar sötningsmedel
- 7 droppar flytande stevia

FYLLNINGEN
- 1/2 kopp hallon
- Skal av 1/2 citron
- 1 msk citronsaft
- 2 msk smör
- 1 msk sötningsmedel

VÄGBESKRIVNING
a) Kombinera alla våffloringredienserna i en stor blandningsskål.
b) Värm en våffelmaskin och häll i din smet.
c) Låt koka tills lampan lyser grönt eller ångnivån sjunker till en säker nivå.
d) Ta ut våfflorna från ugnen och ställ dem åt sidan för att svalna något.
e) Hetta upp smör och sötning i en panna på spisen. Tillsätt hallon, citronsaft och citronskal. Rör om tills det tjocknar till konsistensen av sylt.
f) Lägg hallonfyllning mellan två våfflor och lägg i en kastrull och stek 1-2 minuter på varje sida.

6. Karibisk havregryn

GÖR: 1
TOTAL TID: 5 minuter

INGREDIENSER
- 2 msk malda linfrö
- 2 msk chiafrön
- 2 msk osötad riven kokos
- 2 msk granulerat sötningsmedel valfritt
- 1/2 kopp varmt vatten
- 1/2 kopp kall osötad kokosmjölk

VÄGBESKRIVNING
a) Blanda de torra ingredienserna i en liten mixerskål och rör om ordentligt.
b) Blanda i en halv kopp varmt vatten, se till att blandningen är väldigt tjock. Blanda i din kokosmjölk tills du har en tjock, krämig "havregryn".
c) Servera med önskat pålägg/mix-ins.

7. Kokosmjölspannkakor med havsmossa

GÖR: 2

INGREDIENSER:
- ¼ kopp kokosmjöl
- 1 msk sjömossagel
- 4 betade ägg i rumstemperatur
- 1 rågad matsked. mjukat smör eller kokosolja
- ½ kopp konserverad kokosmjölk
- Kokosolja eller ghee, till pannan

VÄGBESKRIVNING:
a) Börja värma en erfaren gjutjärnspanna eller emaljpanna på medelvärme.
b) Vispa ihop kokosmjöl och havsmossagel.
c) Rör ner äggen, vispa tills en slät pasta bildas.
d) Rör ner smöret/kokosoljan tills det blandas, tillsätt sedan kokosmjölken.
e) Tillaga pannkakorna i den heta stekpannan med kokosolja/ghee.
f) Koka tills kanterna och mitten börjar se ogenomskinliga ut och vänd sedan.

8. Skorfri Calalloo Quiche

FÖRBEREDNINGSTID 15 MINUTTER
TILLAGNINGSTID 45 MINUTTER
GER 4-6 GENÖSA PORTER

INGREDIENSER
- 200 g callaloo tvättad och finhackad
- 75 g lök fint tärnad
- 1 vitlöksklyfta fint tärnad
- 7 ägg vispade
- 4 uns mjölk
- 1/2 tsk salt
- 1 tsk nymalen svartpeppar
- 1/4 tsk kryddpeppar
- Endast 1 kvist färska timjanblad, inga stjälkar
- 1 msk smält smör
- 100 g riven cheddarost

ANVISNINGAR
a) Värm ugnen till 200C
b) Vispa ägg och tillsätt sedan mjölk och smält smör och vispa lite till
c) I en annan skål, kombinera andra ingredienser (förutom ost), låt kryddorna täcka bladen på callaloo/amarant.
d) Häll smeten i grönsaksblandningen och blanda
e) Smörj ugnsformen med smör
f) Häll smeten i formen och täck sedan med riven ost.
g) Grädda i 35-45 minuter tills den stelnat.

9. Pumpa kryddad fransk toast

Gör totalt 2 portioner.

INGREDIENSER
- 4 skivor pumpabröd
- 1 stort ägg
- 2 msk grädde
- 1/2 tsk vaniljextrakt
- 1/8 tsk apelsinextrakt
- 1/4 tsk Pumpkin Pie Spice
- 2 msk smör

ANVISNINGAR
a) Torka ut 4 skivor pumpabröd.
b) Jag gjorde 2 satser med denna, så bilderna visar extra. I en liten behållare, blanda ditt ägg, grädde, vaniljextrakt, apelsinextrakt och pumpapajkrydda.
c) Doppa brödet i blandningen och låt det dra i ca 5 minuter.
d) Vänd på brödet och låt dra i ytterligare 5 minuter.
e) Sätt på medel-låg värme i en panna och ställ in smör i mitten. Låt smöret koka tills det börjar få färg.
f) När smöret är brynt, tillsätt brödet som nu har blötlagt nästan hela blandningen. Låt detta koka i ca 3-4 minuter på varje sida, eller tills det är gyllenbrunt. Vänd och stek på andra sidan tills det är klart.
g) Toppa med pulveriserad swerve och/eller keto lönnsirap

10. Keto pumpa bröd limpa

GÖR 10 SKIVOR

INGREDIENSER
- 1 1/2 kopp mandelmjöl
- 3 stora äggvitor
- 1/2 kopp pumpapuré
- 1/2 kopp kokosmjölk
- (från kartongen)
- 1/4 kopp Psyllium Husk pulver
- 1/4 kopp Swerve Sötningsmedel
- 2 tsk bakpulver
- 1 1/2 tsk Pumpkin Pie Spice
- 1/2 tsk Kosher salt

ANVISNINGAR
a) Mät upp alla torra ingredienser i en sil.
b) Sikta alla ingredienser i en stor skål. Värm din ugn till 350F. Fyll en 9×9 ugnsform med ca 1 dl vatten och ställ den i nedre delen av ugnen.
c) Tillsätt pumpapuré och kokosmjölk och blanda väl. Du bör ha ganska tålig deg när du mixar färdigt.
d) Vispa äggvitorna i en andra skål. Om det behövs, tillsätt lite grädde av tartar till äggvitorna för att hålla dem stabila.
e) Vänd aggressivt ner 1/3 av äggvitan i degen så att en del av fukten absorberas. Tillsätt sedan resten av äggvitan och vänd försiktigt ner den i degen.
f) Smörj en vanlig brödform väl (med antingen smör eller kokosolja).
g) Bred sedan ut degen i brödformen.

h) Grädda brödet i 75 minuter. Lägg eventuellt till 1/4 kopp pistagenötter
i) Ta ut brödet från ugnen och låt svalna.

11. **Pumpapaj kryddade våfflor**

INGREDIENSER

- 1/2 kopp mandelmjöl
- 2 msk linfrömjöl
- 1/3 kopp kokosmjölk
- (från kartongen)
- 1/4 kopp konserverad pumpa
- 1 1/2 tsk Pumpkin Pie Spice
- 1 tsk vaniljextrakt
- 1 tsk Bakpulver
- 2 stora ägg
- 3 matskedar Swerve Sötningsmedel
- 7 droppar flytande stevia

ANVISNINGAR

a) Blanda alla de våta ingredienserna i en stor måttkanna.
b) Blanda de våta ingredienserna väl tills lite eller ingen äggvita syns.
c) Tillsätt alla torra ingredienser i en sil.
d) Sikta ner alla torra ingredienser i de blöta ingredienserna.
e) Blanda smeten tills allt är blandat. Smeten ska vara något vattnig men blir perfekt knaprig på utsidan och mjuk på insidan våfflor.
f) Smörj din våffelbryggare med kokosolja spray och häll sedan smeten på våffeljärnet när det indikerar att det är klart.
g) När våffeljärnet säger till dig att dina våfflor är klara, kontrollera dem för att se om de behöver gå längre. Om inte, ta bort våfflorna från järnet och skär dem efter behov.

FÖRRET OCH SNACK

12. Kokos mandel droppar

GÖR: 20 stora droppar
TILLAGNINGSTID: 45 minuter
FÖRBEREDELSETID: 15 minuter

INGREDIENSER
- 2 koppar (500 ml) vatten
- 2 koppar (150) osötad torkad kokosnöt
- 1 msk nyriven ingefära
- ¼ kopp (30 g) mandel, grovt hackad

VÄGBESKRIVNING:
a) Smörj en bakplåt och ställ åt sidan. Koka upp vattnet i en tjock kastrull på hög värme. Tillsätt kokos och ingefära, sänk värmen till medel och koka i 15 minuter.
b) Öka värmen till hög och koka blandningen tills den är tjock och klibbig, cirka 20 till 30 minuter, rör om ofta. Häll lite av blandningen i ett glas kallt vatten. Om det förvandlas till en boll är det klart. Stäng av värmen och rör ner nötterna.
c) Använd en smord tesked, släpp blandningen på den förberedda bakplåten och låt godisarna svalna.

13. <u>**Keto Ackee Biffar**</u>

GÖR12 biffar

INGREDIENSER
FÖR SKORPAN:
- 400 g universalmjöl
- 2 teskedar. Salt
- 150 g kokosolja
- 200 g kallt vatten
- 1/2 tsk mald gurkmeja
- 1/2 tsk Malet annatto

FÖR FYLLNING:
- 2 teskedar. Kokosolja
- 1/2 liten lök fint tärnad
- 3 vitlöksklyftor fint hackad
- 4 koppar parboiled ackee
- 3 salladslökar eller salladslök, finhackad
- 1/2 tsk Malen Piment Karibisk kryddpeppar
- Blad dras från några kvistar färsk timjan
- Habanero/Scotch Bonnet-peppar, finhackad
- Salt att smaka

ATT AVSLUTA:
- 1 msk Agave blandat med 2 msk vatten

VÄGBESKRIVNING:
ATT GÖRA SKORPA:
a) Kombinera mjöl och salt. Vispa väl att kombinera
b) Blanda vatten och olja
c) Om du använder en stativmixer: med mixern på låg hastighet och paddelfästet, börja blanda och häll sedan i vattenkombinationen snabbt i en jämn ström.
d) Ta ut degen från bunken och slå in den i plast. Kyl i 15 minuter.

ATT GÖRA FYLLNING:
e) Värm kokosolja i en nonstick-panna på medelvärme.

f) Tillsätt lök och koka tills den är genomskinlig (ca 2 minuter)
g) Tillsätt sedan vitlöken och koka ytterligare en minut eller två.
h) Tillsätt salladslöken, timjan och peppar och koka i en minut och tillsätt sedan ackees och pimenton.
i) Tillsätt salt efter smak.
j) Om dina ackéer är lite torra kan du lägga till cirka en matsked vatten, låt puttra i 3 till 5 minuter, stäng sedan av värmen och låt svalna.

ATT AVSLUTA:
k) Låt degen sitta ut i 5 minuter innan du kavlar den.
l) Kavla ut, rulla om efter behov för att göra 12 rundor
m) Häll ungefär en tredjedel kopp fyllning på ena halvan av din cirkel och lämna en liten kant. Fördela den jämnt på den halvan, pensla sedan kanten med vatten och vik över degen för att få en biffform.
n) Tryck ut så mycket luft som möjligt och tryck sedan försiktigt runt kanterna för att täta.
o) Om så önskas, stick några gånger med en gaffel ovanpå för att låta ångan komma ut.
p) Upprepa med de resterande delarna och lägg de färdiga biffarna i kylen medan du arbetar på resten. Kyl alla biffarna ordentligt innan de gräddas (minst 20 minuter)
q) Medan biffarna svalnar, förvärm ugnen till 400F och placera bakgallret i den övre tredjedelen av din ugn (detta är så att bottnarna på biffarna inte brunnar för mycket innan toppen kan koka och få färg).
r) Placera biffarna jämnt på plåtarna (du kan behöva baka i två omgångar om din ugn inte är tillräckligt stor). Pensla med agave och vatten om du använder.
s) Sätt in i ugnen och sänk temperaturen till 375F. Grädda i 15 till 20 minuter, kontrollera och vrid din plåt(ar) vid 10-minutersmarkeringen.

t) När det är klart, låt svalna på galler. Om dina biffar har blivit ballonger, tryck försiktigt så att en del av ångan kan komma ut.
u) Servera varmt & njut!

14. Keto Alcapurrias

GÖR: 2

INGREDIENSER
"MASA" ELLER DEG
- 2 lila yautía
- 3,5 tsk sazón
- 1 tsk annatto

FYLLNING
- 3/4 kopp faux kött smulas sönder
- 3 matskedar sofrito
- 2,5 tsk sazón/krydda
- 1/2 tärning/tsk grönsaksbuljong
- 1/2 tsk salt
- 1/4 kopp tomatsås Min favorit är Goya
- 2 1/2 dl frityrolja

VÄGBESKRIVNING:
MASA/DEG
a) Skala yautías med en vanlig skalare
b) Riv yautías på lådans rivjärn (delen med de små, taggiga hålen) över en stor skål
c) Blanda den rivna yautían med "sazón"/krydda och salt tills det är jämnt blandat
d) Ställ åt sidan för senare

FYLLNING
e) Hetta upp oljan i en medelstor kastrull på medel/hög värme
f) Tillsätt sofrito och bullion och sänk värmen till medel/låg
g) Efter att sofriton börjar dofta, ca 30 sekunder, tillsätt sazón och sås. fräs i cirka fem minuter
h) Tillsätt faux köttsmulor och salt. Blanda tills det är helt täckt med sofritoblandningen
i) Tillsätt vattnet och skruva upp värmen till medel/hög, tills det börjar koka, sänk sedan tillbaka till medel/låg och täck i ca 10 minuter.

j) Avtäck och sänk värmen ytterligare till låg/medium i cirka fem minuter eller tills vattnet mestadels torkat upp. Rör om då och då så att det inte fastnar i botten
k) Ta av värmen och ställ åt sidan

ATT SÄTTA SAMMAN ALCAPURRIA
l) Använd antingen ett groblad eller en liten tallrik och ös $\frac{1}{4}$ kopp av "masan" eller degen på bladet eller tallriken
m) Platta försiktigt ut den så att den blir lite tunn, men inte för tunn, så att en cirkel skapas
n) Ös 1 matsked av fyllningen på mitten av degcirkeln
o) Skopa upp sidorna av degcirkeln för att täcka fyllningen
p) Fräsning
q) Hetta upp oljan i grytan på medium/hög
r) När oljan är väldigt varm, skjut försiktigt in varje alcapurria i den. Beroende på storleken på din kruka måste du göra minst två omgångar
s) Efter cirka en minut, sänk värmen till medel och stek i cirka sju minuter. Vänd på alcapurrierna då och då
t) Skopa ur alcapurrierna och lägg dem på ett durkslag med hushållspapper.

15. Karibiska chips med aprikossalsa

PREP/Total tid: 15 minuter
GÖR: 4

INGREDIENSER
- 2 tsk karibisk jerkkrydda
- 1/4 tsk torkad timjan
- 1/8 tsk salt
- 1/8 tsk vitlökspulver
- 1/8 tsk mald kryddpeppar
- 4 mjöltortillas
- Matlagningsspray
- 1/2 kopp salsa
- 1/2 kopp aprikoskonserver

VÄGBESKRIVNING:
a) Blanda de första sex ingredienserna i en liten skål. Belägg båda sidorna av varje tortilla med matlagningsspray; strö över kryddblandningen.
b) Skär varje tortilla i åtta klyftor. Överför till en osedd bakplåt.
c) Grädda i 400° i 5-7 minuter eller tills de är gyllenbruna. Under tiden, i en liten skål, kombinera salsa och konserver.

16. **Stekt brödfrukt**

INGREDIENSER
- 1 brödfrukt

VÄGBESKRIVNING:
a) Halvera brödfrukten och ta bort kärnhuset.
b) Ta bort det yttre skalet och skär det i klyftor.
c) Hetta upp kokosolja och vegetabilisk olja i en kastrull.
d) Stek klyftorna tills de är gyllene.
e) Ta bort från pannan och låt rinna av på hushållspapper.
f) Krydda väl med salt och peppar.
g) Servera varm.

Kalorier från fett 278. Kalorier 661.
48% totalt fett 31g.
12% mättat fett 2,4g.
0% kolesterol 0mg.
0% natrium 7,7 mg.
54% kalium 1882mg.
35% Totalt Kolhydrater 104g.

17. BBQ Chicken Sliders

INGREDIENSER

- 2-3 kycklingbröst
- 1/2 flaska BBQ-sås
- 2 matskedar vit vinäger
- 1/4 tsk röd paprikaflingor
- 1/4 tsk vitlökspulver

VÄGBESKRIVNING:

a) Lägg kycklingbröst i pannan och täck med vatten, koka ca 10-15 minuter tills de är klara. Låt svalna och strimla sedan kycklingen med en gaffel.

b) Blanda resterande ingredienser i en skål. Häll blandningen över kycklingen. Sjud i ca 20 minuter i en stekpanna. Dra ut kycklingen och strimla. Servera över hamburgerbullar.

18. **Blomkålsaptitretare**

GÖR: 8
TOTAL TID: 20 minuter

INGREDIENSER
- 14 oz. Blomkålsbuketter, hackade
- 3 medelstora stjälkar av vårlök
- 3 oz. Strimlad vit cheddar
- 1/2 kopp mandelmjöl
- 1/2 tsk salt
- 3/4 tsk peppar
- 1/2 tsk rödpepparflingor
- 1/2 tsk dragon, torkad
- 1/4 tsk vitlökspulver
- 3 matskedar olivolja
- 2 tsk Chiafrön

VÄGBESKRIVNING
a) Värm ugnen till 400 grader Fahrenheit.
b) I en plastpåse, kombinera blomkålsbuketter, olivolja, salt och peppar. Skaka kraftigt tills blomkålen är jämnt täckt.
c) Häll blomkålsbuketter på en foliekládd plåt. Grädda i 5 minuter efter det.
d) Tillsätt den rostade blomkålen i en matberedare och mixa några gånger för att bryta upp den.
e) Blanda alla ingredienser (mandelmjöl) i en mixerskål tills en klibbig blandning bildas.
f) Gör biffar av blomkålsblandningen och stryk dem i mandelmjöl.
g) Grädda i 400°F i 15 minuter, eller tills utsidan är krispigare.
h) Ta ut ur ugnen och låt svalna lite innan servering!

19. <u>**Pumpa kaka bites**</u>

INGREDIENSER
TORRA INGREDIENSER:
- 1 1/2 dl torkad kokos
- 1 kopp rå mandel
- 1/2 kopp råa valnötter
- 1/4 kopp gyllene linfrömalda
- 1 matsked mesquitepulver
- 1 tsk pumpakrydda
- 1/2 tsk kanel
- 1/8 tsk högt mineralsalt

VÅTA INGREDIENSER:
- 1/4 kopp havsmossapasta
- 1/4 kopp kokt pumpapuré färsk eller på burk
- 2 msk kokosolja smält
- 1 tsk vaniljextrakt

VÄGBESKRIVNING:
a) Bearbeta torra ingredienser i en matberedare tills mjöl bildas.
b) Tillsätt våta ingredienser utom Sea Moss-pasta och bearbeta tills det blandas.
c) Tillsätt Sea Moss-pasta och bearbeta tills en deg bildas.
d) Lägg smeten i en skål, rulla till bollar och rulla i finstrimlad kokos.
e) Ställ in i kylen i 1/2 timme och njut!

HUVUDRÄTT

20. <u>**Mofongo**</u>

GÖR 4

INGREDIENSER
- 5 stora gröna plantains, grovt hackade
- 1 (8 uns) burk ekologisk tomatsås
- 1 litet knippe koriander, hackad eller efter smak
- 2 matskedar hemgjord sofrito
- 2 msk olivolja, eller efter smak, delad
- 1 vitlöksklyfta, hackad
- 1 (0,18 ounce) paket sazonkrydda
- $\frac{1}{2}$ dl grönsaksbuljong, eller efter smak
- salt och mald svartpeppar efter smak

VÄGBESKRIVNING:
a) Fyll en 1-liters gryta med vatten; Koka mjölbananer med en nypa salt tills de är lätta att genomborra med en gaffel, ca 25 minuter.
b) Mosa plantains med tomatsås, koriander, sofrito, 1 msk olivolja, vitlök och sazon i en mortel eller glasskål. Tillsätt den återstående 1 msk olivolja och tillräckligt med grönsaksbuljong för att säkerställa att Mofongo håller ihop men är tillräckligt torr för att lätt glida ut ur en behållare. Krydda med salt och peppar.
c) Servera Mofongo ovanpå de återstående 5 msk grönsaksbuljong i en skål.

21. <u>Caribbean Jerk Grillad Aubergine</u>

FÖRBEREDELSETID: 20 minuter
TILLAGNINGSTID: 10 minuter
TOTAL TID: 30 minuter
GÖR: 8

INGREDIENSER
ÄGGPLANTA
- 1 tsk mald kanel
- 1 msk mald koriander
- 1/4 tsk kryddpeppar
- 1/4 tsk cayennepeppar
- 1/2 tsk vardera havssalt och svartpeppar
- 2 msk färsk timjan
- 4 vitlöksklyftor, hackade
- 1 msk färsk riven ingefära
- 3 msk limejuice
- 1/4 kopp tamari eller kokos Aminos
- 2 matskedar olja
- 3 stjälkar salladslök eller salladslök, skivad
- 1 medelstor Serrano eller Habanero peppar
- 1 stor aubergine

SÅS
- 1/4 kopp BBQ-sås
- 1 msk limejuice
- 1 msk olivolja
- 1 tsk färsk riven ingefära
- 1 nypa vardera havssalt och svartpeppar
- 1 stjälk salladslök, tunt skivad
- 1 nypa cayennepeppar

VÄGBESKRIVNING:
a) I en liten mixerskål, blanda kanel, koriander, all krydda, cayenne, salt, peppar, timjan, vitlök, ingefära, limejuice,

tamari, kokosolja, salladslök eller salladslök och Serrano/habanero peppar.
b) Skiva aubergine vertikalt (på längden) i 1/2-tums tjocka "biffar" och pensla generöst på båda sidorna med marinaden.
c) Värm en grill eller grillpanna till medelhög värme och olja/fett lätt för att förhindra att auberginen fastnar. När den är varm, tillsätt aubergine och grilla på båda sidor tills de är gyllenbruna och grillmärken finns – cirka 3-5 minuter på varje sida.
d) Under tiden, förbered såsen genom att tillsätta BBQ-sås, limejuice, olja, ingefära, salt, peppar, lök och cayennepeppar till en liten och vispa för att kombinera.

22. <u>**Keto Rasta Pasta**</u>

FÖRBEREDELSETID:20 minuter
TILLAGNINGSTID:40 minuter
GÖR: 6

INGREDIENSER
Mandelbollar
- 3 matskedar kokosolja (eller olivolja) för sautering
- 2 dl hackad knappsvamp
- 2 små lökar, skivade
- 1 kopp mandelhalvor, blötlagda i 3 koppar vatten i minst 30 minuter
- 5 krossade vitlöksklyftor
- 3 matskedar jäst
- 1 matsked Bragg Liquid Aminos
- 1 msk färska timjanblad
- 1 matsked linmjöl, indränkt i 2 matskedar varmt vatten
- 1 msk currypulver
- 1 msk rökt paprika
- 1 tsk svartpeppar
- ¼ kopp havremjöl, plus 2 matskedar
- 2 msk Caribbean Jerk Krydda
- 2 tsk kryddsalt
- ½ kopp neutral olja, för stekning

SÅS
- 1 msk kokosolja
- 1 msk Madras currypulver
- 1 burk kokosmjölk
- 1 liten lök, tärnad
- 2 vitlöksklyftor, pressade
- 1 matsked tamari
- 1 msk hackad koriander
- 1 tsk mald kryddpeppar
- 1 tsk lökpulver
- salt att smaka

- 6 koppar zucchinipasta

VÄGBESKRIVNING:

a) För att göra bollarna, värm oljan i en medelstor stekpanna på medelvärme. Tillsätt svampen och löken och fräs tills löken är genomskinlig i cirka 5 minuter.

b) Överför blandningen till en matberedare. Tillsätt avrunna mandlar, vitlök, jäst, flytande aminos, timjan och linmjöl blandat med varmt vatten, currypulver, rökt paprika och svartpeppar. Pulsera tills nötterna har hackats fint men du fortfarande har konsistens.

c) Överför blandningen till en medelstor skål och tillsätt havremjöl, jerk krydda och kryddsalt. Forma blandningen till tjugo 1,5-tums bollar.

d) Värm ugnen till 350 F och klä en bakplåt med en silikonmatta eller bakplåtspapper.

e) Värm den neutrala oljan i en medelstor stekpanna på medelhög värme. Stek bollarna, tills en tunn brun skorpa bildas, 5 minuter.

f) Överför bollarna till bakplåten och grädda i 20 minuter eller tills de bildar en yttre brun skorpa.

g) Gör såsen under tiden. Hetta upp oljan i medelstor gryta. Tillsätt curryn och värm igenom, ca 1 minut. Tillsätt kokosmjölk, lök, vitlök, sojasås, koriander, kryddpeppar och lökpulver och rör om. Smaka av och justera för salt. Koka upp och rör om tills blandningen är ganska krämig.

h) För att servera, lägg bollarna över zucchinipasta och toppa med sås.

23. <u>**Keto karibiskt salt "fisk"**</u>

FÖRBEREDELSETID:5 minuter
TILLAGNINGSTID:10 minuter
Foder: 4 portioner

INGREDIENSER
- 820g värme av palmer
- 2 vårlökar
- 1 gul lök
- 2 medelstora tomater
- 4 handskar vitlök
- 1 röd paprika
- 1 apelsin paprika
- 1 msk tamari
- 2 msk nori-flingor
- 1 tsk färsk timjan
- saft av citron
- rosa salt och peppar
- en näve färsk persilja
- vegetabilisk olja eller vatten för matlagning

VÄGBESKRIVNING:
a) Hacka eller pulsa hjärtat av handflatan i en matberedare tills du får rätt konsistens.
b) Hacka paprikan och salladslöken och finhacka den gula löken.
c) Lägg paprikan och båda löken i en panna och fräs i 5 minuter tills de är lätt kokta.
d) Tillsätt de återstående ingredienserna minus persiljan i pannan, blanda väl och koka i ytterligare 5 minuter. Stäng av värmen och garnera sedan med massor av färsk persilja.

Totalt 30,7 g kolhydrater, 29 g nettokolhydrater, 12 g fett, 6,6 g protein och 256 kalorier.

24. Spenatsallad med brödfrukt

GÖR 6
FÖRBEREDELSETID: 30 minuter + 1 timmes inaktiv förberedelse
TILLAGNINGSTID: 20 minuter

INGREDIENSER
SPENATSALLAD
- 1 lb. (500 g) färsk spenat, tvättad och torkad
- 1 tsk salt 1 tsk olja
- 1 medelstor lök, skivad
- 6 vårlökar, tunt skivade
- 2 msk citronsaft 2 msk olivolja

BRÖDFRUKT
- 1 grön till halvmogen brödfrukt
- Kraftigt saltat vatten
- Olja, för stekning

VÄGBESKRIVNING:
a) För att förbereda spenatsalladen, riv spenaten i stora bitar och lägg den i en stor, grund form. Strö över saltet och ställ åt sidan i 15 minuter.

b) Värm under tiden oljan i en stekpanna på medelvärme. Tillsätt löken och fräs tills den är mjuk och genomskinlig, cirka 5 minuter. Avsätta.

c) Häll av spenaten, pressa torrt och lägg bladen i en serveringsskål. Tillsätt vårlöken, citronsaften och olivoljan. Kasta lätt och garnera med den sauterade löken.

ATT FÖRBEREDA BRÖDFRUKTEN
d) Skala brödfrukten, skär den i fjärdedelar och ta bort kärnhuset. Skiva på längden i tjocka klyftor och blötlägg i 1 timme i saltat vatten. Ta bort skivorna från vattnet och torka dem med hushållspapper.

e) Värm tillräckligt med olja för att täcka botten av en stor stekpanna på medelhög värme, tills den är väldigt varm, men inte röker. Stek brödfruktskivorna några åt gången tills de är gyllenbruna, cirka 3 till 5 minuter. Låt rinna av på hushållspapper och salta lätt, om så önskas. Servera med spenatsallad.

25. Varm och fruktig karibisk coleslaw

GÖR8
INGREDIENSER
- ½ savojkål
- ½ vitkål
- ½ rödlök, skalad
- 100 ml olivolja
- Salt och peppar
- 1/2 msk varm chilisås
- 2 röda chili, kärnade och skär i fina skivor

VÄGBESKRIVNING:
a) Ta bort och kassera kålkärnorna och finstrimla bladen. Skiva löken tunt med en mandolin om du har.
b) Tillsätt olja, salt, peppar och varm sås. Skaka igen och häll sedan upp i en stor serveringsskål.
c) Häll i kål, lök och chili och blanda väl. Smaka av för smaksättning.

26. **Grillad Jerk Tofu med Ananas Salsa**

FÖRBEREDELSETID:10 minuter
TILLAGNINGSTID:10 minuter
TOTAL TID: 20 minuter
GÖR: 4

INGREDIENSER
- 7-oz paket med extra fast tofu skivad i 8 plankor och pressad
- 1/4 c jerk krydda

ANANASSALSA
- 2 c färsk ananas, urkärnad och tärnad
- 1 röd paprika, tärnad
- 1 jalapeño, malet, mer eller mindre efter smak
- 1/4 c rödlök, finhackad
- 1/4 c koriander, hackad
- Saft av 1 lime

VÄGBESKRIVNING:
a) Kombinera salsa ingredienser i en medium skål och ställ åt sidan.
b) Gnid in den pressade tofun med jerkkrydda. Värm grillen till hög värme och grilla tills tofun är genomvärmd och grillmärken syns, ca 2-4 minuter per sida.

27. Caribbean Jerk Jackfruit

FÖRBEREDELSETID: 10 minuter
TILLAGNINGSTID: 25 minuter
GÖR: 2

INGREDIENSER
- 1 lök
- 2 vitlöksklyftor
- 1 chili
- 2 vintomater
- 2 tsk karibisk jerkkrydda
- 400 g burk jackfrukt
- 200 ml kokosmjölk
- 1 portion blomkål "ris"
- 50 g babybladsspenat
- Havssalt
- Nymalen peppar
- 1 msk olivolja
- 300 ml kokande vatten

VÄGBESKRIVNING:
a) Skala och finhacka löken. Skala och riv vitlöksklyftorna. Halvera chilin, dra ut fröna och hinnan för mindre värme, och finhacka. Hacka tomaterna grovt.
b) Häll 1 matsked olja i en stor kastrull och låt det komma till medelvärme. Skjut i löken och en rejäl nypa salt och peppar. Stek i 4-5 minuter, rör om då och då, tills de mjuknat och fått lite färg. Rör ner vitlök, chili och 2 tsk karibisk jerkkrydda och fortsätt att steka i ytterligare 2 minuter
c) Häll ner de hackade tomaterna i pannan. Häll av jackfrukten och lägg dem i pannan. Häll i kokosmjölken. Blanda väl och låt koka upp, täck sedan delvis med ett lock och låt sjuda försiktigt i 20 minuter.
d) Rör ner spenaten i jackfrukten tills den vissnar.

e) Häll upp blomkålsriset i ett par djupa skålar och toppa med generösa slevar av jackfruktcurryn och servera.

28. Jamaica Grillad jerk chicken

GÖR: 1 portion

INGREDIENSER
- 4 kycklingbröst; (upp till 6)
- 1 burk JERK-sås

VÄGBESKRIVNING:
a) Tvätta och rensa kyckling.
b) Värm grillen.
c) Pensla kycklingen med JERK Sauce i 20 minuter
d) Grilla kycklingen i 6 minuter på varje sida eller tills den är genomstekt.
e) Pensla Jerk Sauce vid behov på kyckling under tillagning.

29. Jamaica stil hasselnötskyckling

GÖR: 2

INGREDIENSER
- 2 hela kycklingbröst delade
- Salta & peppra efter smak
- 6 uns apelsinjuice koncentrat tinat
- 1 lagerblad
- Saft av liten lime
- ½ kopp finhackade hasselnötter (rostade Oregon-hasselnötter)

VÄGBESKRIVNING:
a) Krydda kycklingen med salt & peppar. Bryn kycklingen på båda sidor i en stekpanna på medelvärme.
b) Minska till låg och tillsätt ½ dl vatten, 1 tsk salt, ½ tsk peppar, apelsinjuice och lagerblad.
c) Koka upp, täck och låt sjuda i 20 minuter. Vänd kycklingen en gång under tillagningen. Ta bort kycklingen och håll den varm. Koka upp vätskan på hög värme i 5 minuter under konstant omrörning.
d) Rör ner limejuice; värm försiktigt.
e) Lägg kycklingen på ett serveringsfat, toppa med sås och strö över nötter.

30. Ackee och Saltfish

GÖR: 4
FÖRBEREDELSETID:1 TIMME
TILLAGNINGSTID:30 MINUTER
TOTAL TID: 1 TIMME 30 MINUTTER

INGREDIENSER
- 450 g salt torsk, blötlagd över natten i vatten
- 450 g avrunnen konserverad ackee
- 1 finhackad lök
- 1 hackad röd paprika med frön borttagna
- 1 hackad grön paprika med frön borttagna
- 1 matsked färska timjanblad
- 1 hackad skotsk bonnet chili med frön borttagna
- 2 matskedar frityrolja
- Nypa svartpeppar

VÄGBESKRIVNING
a) Hetta upp oljan i en stekpanna, tillsätt sedan den gröna och röda paprikan med löken och fräs i 4-5 minuter på medelvärme.
b) Tillsätt skotsk bonnet-chili och rör ner.
c) Häll av salttorsken och skölj under vatten, torka sedan och lägg i stekpannan.
d) Tillsätt ackee och stek i 5 minuter eller tills både torsk och ackee är kokta. Använd en träslev för att bryta upp torsken under tillagningen.
e) Krydda med timjan och nypa svartpeppar, rör om och servera.

31. Jamaica Jerk Chicken

GÖR: 4
FÖRBEREDELSETID: 2 TIMMAR
TILLAGNINGSTID: 30 MINUTER

INGREDIENSER
- 1 stor spatchcock kyckling
- 1 msk jerk krydda
- 1 matsked senap
- 1 msk rödvinsvinäger
- 2-3 urkärnade Scotch bonnet chili
- 5 skalade vitlöksklyftor
- 5 vårlökar
- Färska timjankvistar
- Skal och saft av 2 limefrukter
- 1/2 tsk havssalt
- 100 ml lager
- Jordnötsolja

VÄGBESKRIVNING
a) Lägg alla ingredienser förutom kycklingen och jordnötsoljan i en matberedare tills den är slät.
b) Täck kycklingen i blandningen, täck sedan över och låt marinera i kylen, helst över natten men i minst 2 timmar.
c) Värm ugnen till 200C eller gas 6.
d) Ta bort eventuell överflödig marinad och gnid in med jordnötsoljan. Torka bort överflödig marinad och gnid in med olja.
e) Grilla eller grilla kycklingen med bröstsidan nedåt tills skalet är gyllenbrunt.
f) Lägg på en plåt och grädda i ugnen i 35 minuter.
g) Kontrollera att kycklingen är genomstekt genom att sticka hål i benet med ett spett.
h) Ta ut ur ugnen och låt stå i rumstemperatur i 10 minuter innan du skär och serverar.

32.   <u>Caribbean Beef Patty</u>

FÖRBEREDELSETID:10 MINUTER
TILLAGNINGSTID:50 MINUTER

INGREDIENSER
- 250 g nötfärs
- 500g förpackning smördeg
- 1 ägg
- 1 finhackad liten lök
- 2 pressade vitlöksklyftor
- 2 msk tomatpuré
- 2 matskedar het pepparsås
- 2 msk gurkmejapulver
- Ringla olja
- Timjankvistar

VÄGBESKRIVNING
a) Hetta upp matoljan i en kastrull på låg värme och tillsätt sedan löken när den är varm.
b) Koka i 5 minuter, öka sedan värmen och tillsätt nötköttet och vitlöken och koka tills köttet är brynt.
c) Tillsätt 200 ml vatten, timjan och hälften av gurkmejan.
d) Täck pannan och låt puttra i 15 minuter.
e) Ta av locket och koka i 5 minuter längre, tillsätt sedan den heta pepparsåsen och ta av från värmen.
f) Värm ugnen till 220C eller gas 7.
g) Kavla ut degen och använd en liten tallrik för att skära i 6 cirklar som mäter cirka 15 cm.
h) Tillsätt färs på ena sidan av varje cirkel. Blanda resten av gurkmejan med det uppvispade ägget.
i) Pensla lite av det runt varje cirkels kant innan du viker över degen och försluter kanterna med en gaffel.
j) Lägg på en bakplåt, pensla med lite mer ägg och grädda i 20-25 minuter eller tills de är gyllenbruna.

33. Spring ner

FÖRBEREDELSETID:10 MINUTER
TILLAGNINGSTID:20 MINUTER

INGREDIENSER
- 2 lbs. inlagd eller saltad makrill
- 1 burk kokosmjölk
- 1 tunt skivad lök
- 3 pressade vitlöksklyftor
- 1 hackad tomat
- 2 hackade vårlökar
- 1/2 tunt skivad skotsk bonnetpeppar
- Kvist färsk eller torkad timjan
- 8 koppar vatten

VÄGBESKRIVNING
a) Ta bort eventuella ben från makrillen och skär dem i små bitar.
b) Lägg i en skål och häll kokande vatten över fisken för att täcka den.
c) Låt stå i 30 minuter och töm sedan av vattnet.
d) Häll kokosmjölken i en kastrull och tillsätt vitlök och tomat. vårlök, skotsk bonnetpeppar, lök och timjan.
e) Låt blandningen koka tills löken mjuknat, lägg sedan fisken med skinnsidan nedåt, sänk värmen till låg och låt den sjuda tills fisken är helt genomstekt i cirka 10 minuter.

34. **Karibisk oxsvansrätt**

FÖRBEREDELSETID:30 MINUTER
TILLAGNINGSTID:4 TIMMAR

INGREDIENSER
- 450g oxsvans hackad i bitar
- 200 g burk gröna bönor
- 1 tunt skivad vårlök
- 1 stor hackad lök
- 1 tärning nötbuljong
- 2 matskedar all krydda
- 2 pressade vitlöksklyftor
- Kvist färsk timjan
- 2 msk sojasås
- 2 msk matolja
- Salta och svartpeppar för att smaksätta

VÄGBESKRIVNING
a) Blanda oxsvans, lök, vårlök, vitlök, nötbuljong, timjan och sojasås.
b) Smaka av med salt och peppar och tillsätt all kryddan.
c) Hetta upp matoljan i en stekpanna på medelvärme, tillsätt sedan oxsvansen och koka tills den är brun i cirka 10 minuter.
d) Sätt in i en förvärmd ugn och koka i 4 timmar.
e) Återgå till stekpannan och tillsätt haricots verts, låt sjuda på medelvärme.
f) Koka några minuter tills såsen tjocknat och servera sedan.

35. Karibisk callaloo

INGREDIENSER

- 400 g callaloo
- 100 g smör
- 3 hackade tomater med frön borttagna
- 1 matsked nyriven muskotnöt
- Salta och nymalen svartpeppar för att smaksätta

VÄGBESKRIVNING

a) Smält smöret på medelvärme i en kastrull.
b) Tvätta callaloo i vatten, lägg sedan i pannan och koka tills den vissnat.
c) Tillsätt muskotnöt och hackade tomater och smaka av med salt och peppar.
d) Servera med jerk chicken, eller saltfisk.

36. Getcurry i en traditionell gryta

FÖRBEREDELSETID: 30 MINUTER
TILLAGNINGSTID: 2 TIMMAR 30 MINUTTER

INGREDIENSER
- 800 g getlår skuret i bitar
- 1 lamm- eller kycklingbuljongtärning
- 1 saftad lime
- 2 matskedar olja
- 1 finhackad lök
- 5 pressade vitlöksklyftor
- 80 g riven färsk ingefära
- 2 msk currypulver
- 1 skotsk chili, frön och märg borttagen, finhackad
- Burk hackade tomater
- Kvist färsk timjan

VÄGBESKRIVNING
a) Värm ugnen till 150°C eller gas 2.
b) Hetta upp oljan i en kastrull på medelvärme, tillsätt löken och fräs i 5 minuter tills den är mjuk.
c) Tillsätt get, chili, curry, vitlök och ingefära.
d) Krydda med salt och peppar och stek sedan i 5 minuter tills köttet är brunt.
e) Tillsätt timjan, buljongtärning och hackade tomater.
f) Täck grytan och sätt in den i ugnen.
g) Koka tills geten är mjuk, i cirka 2 ½ timme.
h) Tillsätt limejuicen och sätt sedan tillbaka grytan i ugnen utan lock i 5 minuter till.

37. <u>Okra stekt ris</u>

FÖRBEREDELSETID:15 minuter
TILLAGNINGSTID:15 minuter
GÖR: 4

INGREDIENSER

- 1 blomkålshuvud
- 15 fingrar hackad okra
- 1 medelstor lök skivad
- 1 msk allsidig krydda
- ½ matsked persilja
- 1 tsk svartpeppar
- 1 tsk vitlöksgranulat
- ½ tesked mald ingefära
- 1 tsk färsk timjan
- 1 tsk rosa salt eller efter smak
- 6 matskedar olivolja

VÄGBESKRIVNING

a) Ta bort bladen från blomkålen och tvätta sedan och torka den ordentligt.
b) Börja med att skära upp blomkålen i mindre bitar.
c) Lägg blomkålsbuketterna i en matberedare, utrustad med ett S-blad.
d) Pulsera blomkålen tills den liknar "ris".
e) När du är klar lägger du "riset" i en skål och ställer det åt sidan.
f) Tillsätt 4 msk olivolja i stekpannan/panna på medelhög värme.
g) Tillsätt okran och fortsätt att steka okran tills den börjar bli knaprig.
h) Efter cirka 2 minuter efter stekning av okran, tillsätt de skivade löken och fräs dem tills de är mjuka/något gyllene och strö över hälften av all-purpose kryddan.
i) Ta bort löken och okrabitarna från stekpannan.

j) Tillsätt 1-2 matskedar olivolja sedan blomkålsriset och fortsätt att röra/vika riset.
k) Krydda blomkålen med resten av allroundkryddan, ingefära, vitlöksgranulat, persilja, timjan och rosa salt och rör om.
l) Vänd till sist ner den stekta okran och löken.
m) Servera därefter.

38. Karibisk nötköttssoppa

FÖRBEREDELSETID:20 minuter
TILLAGNINGSTID:1 timme 30 minuter

INGREDIENSER
FÖR KÖTTET
- 2½ lb magert nötkött
- 3-4 msk köttkrydda

FÖR SOPPAN
- 1-1½ lb pumpa puré
- 8 koppar vatten
- 2 dl hackad okra
- 2 cho cho chayote, christophine, hackad
- 2-3 stora morötter hackade och halverade
- 5-6 majskolvar
- 10 pimentobär (peppar)
- 10 timjankvistar sammanbundna
- 1 liten lök hackad
- 2 salladslökar hela
- 3 hackade vitlöksklyftor
- 3-4 msk hemgjord soppmix
- 1 skotsk bonnetpeppar
- rosa salt, vitlöksgranulat och svartpeppar efter smak

VÄGBESKRIVNING
FÖR KÖTT/PUMPABEREDNING
a) Lägg i en medelstor skål med nötköttskrydda, täck och låt dra över natten eller i några timmar.
b) Ha även pumpan klar genom att koka den tills den är mjuk och sedan mosa den.
c) För att göra soppan
d) Tryckkoka köttet först.
e) Koka upp 8 koppar vatten.
f) När det har kokat tillsätt nötköttet och låt puttra på medelvärme (under lock i 45 minuter).

g) Tillsätt den mosade pumpan och rör om.
h) Tillsätt Cho Cho, okra, majs, morötter, lök, salladslök, vitlök och soppamixa av pimento, timjan och skotsk huva.
i) Låt sjuda på låg/medelhög värme under lock i 40-45 minuter eller tills soppan börjar tjockna
j) Om soppan inte är tillräckligt tjock, blanda 1 msk stärkelse med 2 msk varmt vatten och rör sedan ner den.
k) Ta bort timjanstjälkarna och pannan innan servering.

39. Saltfisk Buljol

FÖRBEREDELSETID: 15 minuter
TILLAGNINGSTID: 5 minuter
GÖR: 4 människor

INGREDIENSER
- 1 lb. Saltfisk se inlägget för min hemlagade (2 koppar)
- 1 dl blandad paprika fint hackad
- 1 tomat tärnad
- 1 liten lök eller använd ½ av en stor lök
- 3 Vitlöksklyftor hackade
- 1 msk Shado beni
- Scotch Bonnet eller varm sås malet, använd mängden enligt din värmetröskel
- 4 matskedar olivolja
- Svartpeppar efter smak
- 2 avokado

VÄGBESKRIVNING
a) Lägg saltfisken i en medelstor kastrull med vatten och låt dra över natten eller i flera timmar. Häll av vattnet och fyll på med mer vatten, låt koka upp och koka ut saltöverskottet, om vattnet blir för salt (smakprov) häll då av vattnet och fortsätt att koka/rinna av tills vattnet inte är salt.

FÖR KALL BULJOL
b) Lägg till saltfisk, lök, vitlök, tomat, paprika och den skotska motorhuven i en medelstor blandningsskål.
c) Blanda sedan alla ingredienserna så att de är helt blandade
d) Värm olivoljan på hög värme i en liten kastrull.
e) Ringla och vänd ner oliven i grönsakerna och saltfisken
f) Krydda med shado beni/koriander/koriander och svartpeppar efter smak
g) Skiva avokadon och servera
h) För den heta versionen av buljol

i) Tillsätt olivoljan i en stor stekpanna på medelvärme.
j) Fräs löken och vitlöken tills den är mjuk och genomskinlig
k) Tillsätt paprikan och tomaten och fortsätt koka i 5 minuter tills paprikorna är mjuka.
l) Vik in saltfisken och den skotska motorhuven och koka i ytterligare 2-3 minuter, rör om så att saltfisken kombineras och värms upp hela vägen.
m) Krydda med shado beni/koriander eller koriander och svartpeppar efter smak
n) Skiva avokadon och servera

40. **Karibiska musslor**

GÖR: 4
TOTAL TID:15 MINUTER

INGREDIENSER
- 1 kg färska musslor, rensade
- solrosolja, för stekning
- 1 lök, hackad
- en tummestor bit ingefära, riven
- 4 vitlöksklyftor, krossade
- 2 gröna chili, hackade
- 1 tsk svart senapsfrö
- ½ tsk mald gurkmeja
- 2 tsk malen spiskummin
- 2 tsk mald koriander
- 400 ml kokosmjölk
- korianderkvistar, att servera
- limeklyftor, att servera

VÄGBESKRIVNING
a) Hetta upp oljan i en kastrull.
b) Stek löken tills den är mycket lätt brun, tillsätt sedan ingefära, vitlök, chili, kryddor, en god nypa salt och en malning av peppar.
c) Koka i 2-3 minuter tills den doftar och är rostad.
d) Häll i kokosmjölken och låt koka upp, låt sedan puttra i några minuter så att allt blandas.
e) Lägg ner musslorna i formen, täck över, höj värmen till max och koka i 3-4 minuter tills musslorna precis öppnat sig.
f) Strö över korianderkvistarna och servera med limeklyftor för att pressa över.

41.   Keto Caribbean Jerk Chicken

Förberedelsetid 15 minuter
Tillagningstid 60 minuter

INGREDIENSER
FÖR HÖNAN
- 16 medelstora trumpinnar (ca 4 pund kyckling)
- 3 matskedar avokadoolja
- 3 matskedar färsk limejuice
- 2 matskedar kokos aminos
- 7 droppar flytande stevia, valfritt

FÖR RYCKKRYDDA
- 1/2 tsk mald svartpeppar
- 3/4 tsk salt
- 1 msk torkade timjanblad
- 2 msk torkade lökflingor
- 1 msk vitlökspulver
- 1/2 tsk malen spiskummin
- 1 tsk söt paprika
- 1/2 tsk krossade rödpepparflingor mer eller mindre efter smak
- 1/2 tsk mald kanel
- 1/2 msk mald kryddpeppar
- 1/2 tsk mald muskotnöt
- 1/4 tsk cayennepeppar mer eller mindre efter smak

FÖR SERVERING
- Färska limeklyftor
- 1 tunt skivad salladslök, gröna och vita delar

ANVISNINGAR
a) I en stor skål kombinera alla kryddor och ställ dem åt sidan.
b) Tillsätt limejuice, kokosaminos, avokadoolja och stevia i kryddskålen och blanda väl.
c) Lägg i kycklingklubborna och täck väl med rub.

d) Täck skålen och ställ in den i kylen i minst 4 timmar eller över natten.
e) När du ska laga mat, ta ut den ur kylen och låt den stå i rumstemperatur i ca 10-15 minuter.
f) Värm ugnen till 350F.
g) Lägg kycklingklubborna på en stor plåt och grädda i 55-60 minuter eller tills de är helt genomstekta.
h) Gjort! Lägg över till en tallrik med salladslöken och garnera med färska limeklyftor.

42. Karibisk curry kyckling

TOTALTID: 40 MINUTTER
AVKASTNING: 6 SERVERING

INGREDIENSER
- 2 pund kycklinglår
- 1 msk kryddsalt
- 2 matskedar Blue Mountain Country Caribbean Curry Powder
- 1 stjälk salladslök
- ½ medelstor vitlök
- 1 kvist timjan

ANVISNINGAR
a) Tvätta och rensa kycklingen
b) Krydda kycklingen ordentligt med kryddsalt
c) Tillsätt currypulver, salladslök, lök och timjan i en spraybelagd stekpanna
d) Bryn kycklingen i stekpanna i 10 minuter på hög värme
e) Tillsätt 2 dl vatten, täck över och låt sjuda i 30 minuter, rör om ofta

43. Kryddad pumpasoppa

Gör 3 koppar portioner.

INGREDIENSER
- 1 1/2 dl kycklingbuljong
- 1 kopp pumpapuré
- 4 matskedar smör
- 1/4 medelstor lök, hackad
- 2 rostade vitlöksklyftor, hackad
- 1/2 tsk salt
- 1/2 tsk peppar
- 1/2 tsk färskmalen ingefära
- 1/4 tsk kanel
- 1/4 tsk koriander
- 1/8 tsk Muskotnöt
- 1 lagerblad
- 1/2 kopp Heavy Cream
- 4 skivor Bacon ~3 matskedar Bacon & Fett (från baconet)

ANVISNINGAR
a) I en stor kastrull på medel-låg värme, tillsätt smör och låt det smälta helt. Du vill att den ska mörkna till en gyllene färg.
b) Tärna 1/4 medium, hacka de 2 rostade vitlöksklyftorna och hacka 1/2 tsk färsk ingefära.
c) I en liten behållare, blanda alla dina kryddor så att du har dem tillsammans. 1/2 tsk salt, 1/2 tsk peppar, 1/2 tsk färskhackad ingefära, 1/4 tsk kanel, 1/4 tsk koriander, 1/8 tsk muskotnöt och 1 lagerblad.

d) När smöret har fått en mörk gyllene färg, tillsätt lök, vitlök och ingefära i pannan och rör om väl. Låt detta fräsa i cirka 2-3 minuter eller tills löken börjar bli genomskinlig.
e) Mät upp 1 kopp pumpapuré och ställ åt sidan.
f) När löken är genomskinlig, tillsätt kryddor i pannan och låt koka i 1-2 minuter.
g) Tillsätt pumpapuré i pannan och rör ner löken och kryddorna väl.
h) När pumpan har blandats väl, tillsätt 1 1/2 kopp kycklingbuljong i pannan. Rör om tills allt är kombinerat.
i) Koka upp och vrid sedan till låg, låt detta sjuda i 20 minuter.
j) När det har puttrat, använd en stavmixer för att blanda alla ingredienserna. Du vill ha en slät puré här så se till att ta dig tid. Koka i ytterligare 20 minuter.
k) Koka under tiden 4 skivor bacon på medelvärme. Använd en fettfångare för att hålla röran borta från din spishäll.
l) När soppan är klar, häll i 1/2 kopp tung grädde och fettet från det kokta baconet (detta bör vara cirka 3 matskedar) blanda väl.
m) Smula baconet över toppen av soppan. Valfritt: Servera med hackad persilja och 2 msk gräddfil.

SMÅRÄTTER

44. Keto Callaloo

FÖRBEREDELSER: 10 MINUTTER
TILLAGNING: 10 MINUTTER
GÖR: 3 SERVERINGAR

INGREDIENSER

- 4 koppar Callaloo, hackad och tätt packad
- 1 msk olivolja eller kokosolja
- 1 liten lök, hackad
- 2 vitlöksklyftor, hackade
- 2 salladslökar, hackade
- 2 kvistar timjan
- 1 medelstor tomat, hackad
- Salt att smaka
- 1 Scotch Bonnet-peppar, hel eller 1/4 tsk cayennepeppar
- 2 matskedar vatten

VÄGBESKRIVNING:

a) Skala det yttre membranet på varje stjälk av Callaloo och ta bort de yttre gamla bladen. Lägg callaloo i en skål och täck med kallt vatten, häll 1/2 tsk salt och ställ åt sidan medan du förbereder de återstående grönsakerna. Häll bort vattnet, skölj sedan med vatten och låt rinna av. Hacka callaloo

b) Häll olja i en stor gryta, tillsätt lök, vitlök, vårlök, timjan, tomat och peppar på medelhög värme och fräs; tills löken är genomskinlig. Tillsätt callaloo och vatten; låt puttra på låg värme i 5-10 minuter eller tills de är mjuka.

c)
45. <u>Keto svamp pilaff</u>

GÖR: 2
TOTAL TID: 20 minuter

INGREDIENSER
- 1 kopp hampafrön
- 2 msk kokosolja
- 3 medelstora svampar, tärnade små
- 1/4 kopp skivad mandel
- 1/2 kopp grönsaksbuljong
- 1/2 tsk vitlökspulver
- 1/4 tsk torkad persilja
- Salt och peppar efter smak

VÄGBESKRIVNING
a) Hetta upp kokosoljan i en kastrull på medelvärme och låt den koka upp. Tillsätt den skivade mandeln och svampen i pannan när det har börjat bubbla.
b) Tillsätt hampafrön i pannan efter att svampen är mjuk. Blanda allt ordentligt.
c) Tillsätt buljongen och kryddorna.
d) Sänk värmen till medel-låg och låt kycklingbuljongen dra och sjuda.
e) När du är nöjd med konsistensen tar du kastrullen från värmen och serverar!

46. Keto coleslaw

GÖR: 3
TOTAL TID: 20 MINUTER

INGREDIENSER
- 1/4 huvud savojkål
- 1/3 kopp majonnäs
- 1 msk citronsaft
- 1 tsk dijonsenap
- 1/4 tsk vitlökspulver
- 1/4 tsk Lökpulver
- 1/4 tsk peppar
- 1/8 tsk paprika
- Nypa salt

VÄGBESKRIVNING
a) Hacka savojkålen på längden så att varje sträng lossnar rent från kålen.
b) Kombinera kålen med alla övriga ingredienser i en mixerskål. Kasta runt.

47. Vegetabiliskt medley

GÖR: 2
TOTAL TID: 15 minuter

INGREDIENSER
- 6 matskedar olivolja
- 240g Baby Bella Mushrooms
- 115 g broccoli
- 90 g paprika
- 90 g spenat
- 2 msk pumpafrön
- 2 tsk finhackad vitlök
- 1 tsk salt
- 1 tsk peppar
- 1/2 tsk Red Pepper Flake

VÄGBESKRIVNING
a) Hetta upp olivoljan i en wok på hög värme. Tillsätt vitlöken och koka en minut.
b) När vitlöken börjar få färg, tillsätt svampen och rör om för att kombinera.
c) När svampen har sugit upp större delen av oljan, tillsätt broccolin och paprikan och blanda allt ordentligt.
d) Släng i alla kryddor och pumpafröna.
e) När grönsakerna är färdiga, toppa dem med spenat och låt ångan vissna ner dem.
f) Blanda allt och servera när spenaten vissnat.

48. Rostade gröna pekannötsbönor

GÖR: 4
TOTAL TID: 20-25 minuter

INGREDIENSER
- 1 pund gröna bönor
- 1/4 kopp olivolja
- 1/2 kopp hackade pekannötter
- 1 citronskal
- 2 tsk finhackad vitlök
- 1 tsk rödpepparflingor

VÄGBESKRIVNING
a) Mal pekannötterna i en matberedare.
b) Kasta de gröna bönorna med olivolja, citronskal, hackad vitlök och rödpepparflingor.
c) Värm ugnen till 350°F och rosta de gröna bönorna i 20-25 minuter.
d) Garnera med malda pekannötter.

e)
49. Stekt grönkålsgroddar

GÖR: 2
TOTAL TID: 6 minuter

INGREDIENSER
- 1/2 påse grönkålsgroddar
- Olja för fritering
- Salt och peppar efter smak

VÄGBESKRIVNING
a) I en fritös, värm oljan tills den är varm.
b) Lägg grönkålsskotten i fritöskorgen.
c) Fortsätt koka grönkålsskotten tills kanterna på löken är bruna och bladen är mörkgröna.
d) Ta ur korgen och häll av överflödigt fett på hushållspapper.
e) Salta och peppra efter smak och njut!

50. Lätt keto gräddad spenat

GÖR: 3 SERVERINGAR
INGREDIENSER
- uns. Fryst spenat
- 3 msk parmesanost
- 3 matskedar färskost
- 2 msk gräddfil
- 1/4 tsk vitlökspulver
- 1/4 tsk Lökpulver
- Salt och peppar efter smak

ANVISNINGAR
a) Tina fryst spenat i mikron tills den är genomvärmd, vanligtvis ca 6-7 minuter.
b) Värm en panna på spisen till medelhög värme. När pannan är varm, tillsätt spenaten och låt lite av vattnet koka av. Krydda spenaten här och blanda.
c) Tillsätt färskost och rör ihop tills färskost smält.
d) Tillsätt gräddfil och blanda. Sänk pannan till låg värme vid denna tidpunkt.
e) Tillsätt till sist parmesanost och rör tills den krämade spenaten tjocknar.
f) Servera upp! Det passar bra till precis vad som helst!

51. <u>Krämig blomkål</u>

GÖR: 3 SERVERINGAR

INGREDIENSER
- 3 portioner Blomkål, risad
- 1/4 kopp gräddfil
- 3 msk tung vispgrädde
- 3 matskedar smör
- matskedar parmesanost
- 1/4 tsk vitlökspulver
- 2 msk gräslök, hackad
- Salt och peppar efter smak

ANVISNINGAR
a) Ta ut den färdigrisade blomkålen ur kylen och mät upp 10 oz.
b) Sätt blomkålen i mikrovågsugnen med en pappershandduk som täcker toppen, sedan mikrovågsugn i 5 minuter. Du kan valfritt ånga eller rosta den om du inte gillar att använda mikrovågsugn.
c) När den är klar ska den vara mjuk vid beröring, men ändå ha en viss fasthet.
d) Blanda alla övriga ingredienser i den.
e) Använd en stavmixer för att mixa blomkålen och övriga ingredienser. Tillsätt 1 msk hackad gräslök i blomkålen och blanda.
f) Tjäna! Toppa med gräslök och njut.

52. Stekt grönkålsgroddar

INGREDIENSER

- 1/2 påse grönkålsgroddar
- Olja för fritering (~1 matsked absorberad)
- 2 msk parmesanost
- Salt och peppar efter smak

ANVISNINGAR

a) Hetta upp oljan eller ister i en fritös tills den är varm. Detta är paketet som jag fick från Trader Joe's, även om jag vet att de även säljer grönkålsgroddar i Whole Foods nu.
b) Lägg grönkålsgroddar i fritöskorgen. Försök att få groddarna i ett enda lager.
c) Se till att du stänger fritösen innan du sänker ner korgen i oljan. De har ganska högt vatteninnehåll och när vatten blandas med olja kan det vara ganska våldsamt – så stänk kommer att uppstå.
d) Fortsätt att steka grönkålsskotten tills de är bruna på kanterna på löken och mörkgröna på bladen.
e) Ta ur korgen och lägg på hushållspapper för att rinna av överflödigt fett.
f) Tillsätt salt, peppar och parmesanost. Njut av!

WRAPS OCH SMÖRGÅR

53. Jerk Jackfruit Wrap

FÖRBEREDELSETID:15 minuter
TILLAGNINGSTID:35 minuter
GÖR: 3

INGREDIENSER
Caribbean Jerk Jackfruit:
- 20 oz. (566 g) burk ung grön jack frukt
- 2 tsk olja delad
- 1,5 tsk vitlökspulver
- 1 tsk lökpulver
- 1 tsk timjan
- 1 tsk persilja
- 1/2 tsk (0,5 tsk) salt
- 1 tsk paprika
- 1/2 till 3/4 tesked cayennepepp
- 1/4 till 1/2 tesked svartpeppar
- En skvätt kanel, muskotnöt och alla kryddor.
- 1 tsk eller mer limejuice
- 2 koppar (500 ml) vatten

Andra tillägg:
- skivad gurka eller pickles

- koriander eller babygrönt
- salt peppar, citron eller limejuice
- stora tortilla wraps

VÄGBESKRIVNING:
Caribbean JERK JACKFRUIT:
a) Häll av jackfrukten och tvätta väl. Krama ur vätskan väl genom att trycka jackfruktbitarna på en pappersservett. Strimla i matberedare eller skiva tunt med en kniv.
b) Hetta upp 1 tesked olja i en stekpanna på medelvärme. Tillsätt strimlad jackfrukt och alla torra kryddor.
c) Koka i 2-3 minuter eller tills kryddorna börjar lukta rostade.
d) Tillsätt limejuice och vatten och koka delvis täckt i 25 till 30 minuter. Rör om då och då.
e) När blandningen är torr, smaka av och justera salt och värme. Tillsätt 1 tsk olja och fortsätt att rosta jackfrukten tills den är gyllenbrun på vissa kanter. Servera detta i wraps, smörgåsar, tacos och nachos.

GÖR INSLAGNA:
f) Varva koriander eller hackad babygrön, sedan en god portion jerk jackfruit, sedan gurka, citron, salt och peppar.
g) Vik ihop till en burrito och servera.

54. Köttbiffar

GÖR: 1 portion

INGREDIENSER
- 2 koppar mjöl
- ¼ tesked salt
- ¼ kopp förkortning
- ¼ kopp smör
- ⅓ kopp kallt vatten
- 1 liten vitlök, finhackad
- ¼ tesked hackad Scotch Bonnet (Habanero) Peppar
- ½ pund Magert nötfärs
- ½ tsk salt
- ½ tesked Nymalen svartpeppar
- ½ tsk currypulver
- ½ tsk torkad timjan
- ¼ kopp nöt- eller kycklingfond
- 1 ägg, vispat
- ¼ kopp vatten

VÄGBESKRIVNING:
a) Sikta mjöl och salt i en stor skål. Skär i matfettet och smöret till smuligt.
b) Tillsätt det kalla vattnet för att göra en hård deg. Mjöla lätt en träskärbräda och kavla ut degen tills den är cirka 1,5 cm tjock. Klipp ut 8-tums cirklar. Täck med vaxat papper eller en fuktig trasa tills den ska användas.
c) Smält oljan i en tjock stekpanna och fräs löken och pepparn tills de blir mjuka. Tillsätt köttfärs, salt, peppar, curry och timjan och blanda väl. Bryn köttet i cirka 10 minuter, rör om då och då.
d) Tillsätt fonden och blanda alla ingredienser väl. Täck kastrullen och låt sjuda i cirka 10 eller 15 minuter, rör om då och då. När alla vätskor har absorberats är fyllningen klar.

Den ska vara fuktig men inte vattnig. Ta bort stekpannan från spisen och förvärm ugnen till 400 F.

e) Avtäck degcirklarna och lägg 2 till 3 matskedar fyllning på varje halva. Fukta kanterna på degen med vatten och vik resten av hälften över köttfyllningen. Nyp ihop kanterna med en gaffel. Pensla degen lätt med en blandning av ägg och vatten.

f) Grädda på en lätt smord plåt i 30 till 40 minuter eller tills degen är gyllenbrun.

55. <u>Varm Veggie Wrap</u>

INGREDIENSER

- 3 dl tärnade tomater
- 2 dl lök
- 1 kopp tärnad paprika
- 1/2 kopp hackad svamp
- Varm dinkeltortilla
- 2 matskedar vanlig havsmossagel

VÄGBESKRIVNING:

a) Fräs alla ingredienser, utom tortillan, i 5 minuter
b) Varm dinkeltortilla.
c) Fyll tortillan med grönsakerna och rulla ihop den.

56. Bacon, avokado och kycklingmacka

GÖR 2

INGREDIENSER
MOLNBRÖD
- 3 stora ägg
- 3 oz. Färskost
- 1/8 tsk Cream of Tartar
- 1/4 tsk salt
- 1/2 tsk vitlökspulver

FYLLNINGEN
- 1 msk majonnäs
- 1 tsk Sriracha
- 2 skivor Bacon
- 3 oz. Kyckling
- 2 skivor Pepper Jack Cheese
- 2 Tomater
- 1/4 medelstor avokado

ANVISNINGAR
a) Värm ugnen till 300F. Börja dela upp 3 ägg i två rena, torra skålar.
b) Tillsätt grädde av tartar och salt till vitorna. Använd en elektrisk mixer och vispa äggvitorna tills du ser mjuka, skummande toppar bildas.
c) I den andra skålen, kombinera 3 oz. av färskost i tärningar med äggulor och vispa tills en blekgul färg.

361 kalorier, 23 g fetter, 2 g nettokolhydrater och 22 g protein.

57. <u>**Caribbean Jerk Chicken Salat Wraps**</u>

FÖRBEREDNINGSTID: 10 MIN
TILLAGNINGSTID: 10 MIN
AVKASTNING: 4

INGREDIENSER
- 2 kycklingbröst skurna i små bitar
- 1 msk kokosolja
- 8 Romaine lämnar
- 1 msk Jerk krydda
- 3 salladslökar hackade
- 2 dl coleslaw mix
- 1/4 kopp hackad färsk koriander
- 1 lime skuren i 4 klyftor

FÖR SÅSEN:
- 1 6oz så läcker odlad vaniljkokosmjölkyoghurt
- 1/2 tsk Jerk krydda

ANVISNINGAR
a) Tillsätt kokosolja, kyckling och krydda i en stor stekpanna.
b) Koka tills den inte längre är rosa.
c) Fyll romaineblad som du skulle fylla ett tacoskal med de återstående ingredienserna.
d) Pressa limejuice på varje wrap.
e) Blanda såsen tills den är väl blandad. Ringla sås på toppen.
f) Njut av!

58. <u>Grillad ost macka</u>

GÖR 1

INGREDIENSER
BULLINGREDIENSER
- 2 stora ägg
- 2 msk mandelmjöl
- 1 1/2 msk Psyllium Husk Powder
- 1/2 tsk Bakpulver
- 2 msk mjukt smör

FYLLNINGAR & EXTRA
- 2 oz. Cheddarost (eller vit cheddar, om du känner dig pigg)
- 1 msk smör, till stekning

ANVISNINGAR
a) Låt 2 matskedar smör komma till rumstemperatur i en mugg.
b) När det är mjukt, tillsätt mandelmjöl, psylliumskal och bakpulver. Blanda detta.
c) Tillsätt 2 stora ägg och fortsätt blanda. Du vill ha en ganska tjock deg. Om din deg inte är tjock, fortsätt att blanda degen – den kommer att tjockna när du blandar den.
d) Häll degen i en fyrkantig behållare eller skål.
e) Mikrovågsugn i ca 90-100 sekunder. Du måste kontrollera att den är färdig för att säkerställa att den inte behöver längre.
f) Ta bort från behållaren eller skålen genom att vända den upp och ner och knacka lätt på botten. Skär den på mitten med en brödkniv.
g) Mät upp osten du kan och stick den mellan bullarna.

h) Ta med 1 msk smör att värma i en panna på medelvärme. När den är varm, tillsätt bullen och låt koka i smöret. Detta bör absorberas av brödet när du lagar mat och ge en läcker, krispig utsida.

i) Servera med en sallad till en läcker grillad ost!

SOPPA, GRYTOR OCH KARRIER

59. Nötkött gumbo

GÖR: 6 SERVERINGAR

INGREDIENSER
- 2 pund nötkött, skuren i bitar
- 2 tsk salt
- 2 tsk malda torkade räkor
- 6 koppar vatten
- 2 pund Okra, skivad
- 1 kopp Jamaica blommor
- 1 lök
- Chili är inte frösådd

VÄGBESKRIVNING:
a) Lägg nötkött i grytan. Tillsätt salt, torkade räkor och kokande vatten. Sänk värmen och låt sjuda i $\frac{3}{4}$ timme, skumma efter behov. Tillsätt okra och koka tills fröna blir rödaktiga, ca 1 timme.
b) Hacka lök och chili och tillsätt, rör om snabbt för att få en klibbig konsistens.
c) Sjud i 15 minuter.

60. Karibisk curry

INGREDIENSER

- 1/4 C. hela korianderfrön
- 5 matskedar mald gurkmeja
- 2 msk hela spiskummin
- 2 msk hela senapsfrön
- 2 msk hela anisfrön
- 1 msk hela bockhornsklöverfrön
- 1 msk hela kryddpepparbär

VÄGBESKRIVNING:

a) Kombinera korianderfrön, spiskummin, senapsfrön, anisfrön, bockhornsklöverfrön och kryddpepparbär i en stekpanna.
b) Rosta på medelvärme tills färgen på kryddorna mörknar något, och kryddorna är väldigt doftande ca 10 minuter. Ta bort kryddorna från stekpannan och låt dem svalna till rumstemperatur. Mal kryddorna med gurkmeja i en kryddkvarn.
c) Få en stek varm utan olja och rosta följande i 11 minuter: kryddpepparbär, korianderfrön, bockhornsklöverfrön, spiskummin, anisfrön och senapsfrön.
d) Skaffa en mortel och mortelstöt och mal alla de rostade kryddorna med gurkmeja också.
e) Lägg in allt i dina förvaringsbehållare.

61. <u>Caribbean Black-Eyed Pea Curry</u>

GÖR: 8

INGREDIENSER

- 1 tsk olja
- 1 gul lök, tärnad
- 4 vitlöksklyftor, hackade
- 1-3 skotsk bonnet eller habanero paprika
- 3 kvistar färsk timjan
- 2 1/2 msk karibiskt currypulver
- 1 - 1 1/2 tsk salt, efter smak
- 1/2 tsk svartpeppar
- 3 koppar svartögda ärtor
- 2 koppar vatten
- 1 dl kokosmjölk
- 1/4 kopp limejuice

VÄGBESKRIVNING:

a) Värm en kastrull på medelvärme och tillsätt olja, lök och vitlök. Fräs tills löken är mjuk, ca 5-7 minuter.
b) Tillsätt skotsk huva eller habanero-peppar, timjan, currypulver, svartpeppar och 1 tsk salt. Rör om så att allt täcks med curry och låt koka i cirka 30 sekunder.
c) Tillsätt de svartögda ärtorna och vattnet.
d) Täck delvis över, låt sjuda och låt koka, ca 12-15 minuter.
e) Tillsätt kokosmjölken och fortsätt att sjuda med locket av i 15 minuter för att reducera och smälta smakerna. Stäng av värmen och tillsätt limesaften. Smaka av och tillsätt salt efter smak.

62.   Curry pumpa

GÖR4
FÖRBEREDELSETID: 30 minuter
TILLAGNINGSTID: 50 minuter

INGREDIENSER

- 2 matskedar olja
- 1 medelstor lök, tärnad
- 2 msk currypulver
- 1 grön paprika, urkärnad och skivad
- 2 lbs. (1 kg) skalad och tärnad pumpa
- 2 koppar (500 ml) vatten
- 1 kopp (250 ml) kokosmjölk
- 1 skotsk huva eller jalapeño chili, skivad
- 2 koppar (130 g) kokta gungo eller duvärter

VÄGBESKRIVNING:

a) Hetta upp oljan i en stor stekpanna på medelvärme. Tillsätt löken och fräs tills den är genomskinlig, cirka 5 minuter. Tillsätt currypulvret och fräs i några sekunder tills det doftar.

b) Tillsätt den gröna paprikan och pumpan och blanda väl. Tillsätt vattnet, kokosmjölken och chilin och låt sjuda på svag värme i 45 minuter tills pumpan är mjuk.

c) Rör ner gungo ärtorna..

63. Gungo ärtsoppa

GÖR 6-8
FÖRBEREDELSETID: 10 minuter
TILLAGNINGSTID: 2 timmar 45 minuter

INGREDIENSER

- 2 koppar (400 g) torkade gungo- eller duvärter
- 1 rökt skinka
- 2 medelstora lökar, skurna i stora bitar
- 2 morötter, skurna i stora bitar
- 1 stjälk selleri, med blad
- 2 skotsk huva eller jalapeño chili, urkärnade och tärnade
- 1 vitlöksklyfta, hackad
- 1 lagerblad
- 1 tsk krossade färska rosmarinblad eller $\frac{1}{4}$ tsk krossad torkad rosmarin
- 1 portion spinnare

VÄGBESKRIVNING:

a) Förbered spinnarna
b) Tvätta ärtorna och lägg dem i en skål. Tillsätt tillräckligt med vatten för att täcka och blötlägg över natten. Häll av och ställ åt sidan.
c) Tillsätt 6 koppar vatten i en kastrull och tillsätt skinkhaken, lök, morötter, selleri, chili, vitlök, lagerblad och rosmarin. Koka upp, sänk värmen till låg och låt sjuda i 45 minuter. Sila av fonden, spara skinkhaken och släng grönsakerna. Skumma fettet från fonden.
d) Häll tillbaka fonden och skinkhaken i kastrullen tillsammans med de blötlagda ärtorna. Sjud på svag värme tills ärtorna är mjuka, ca 2 timmar. Ta bort hälften av ärtorna från soppan med en hålslev och puré i en matberedare. Häll tillbaka purén i soppan. Tillsätt de förberedda spinnarna i soppan och värm igenom.

64. <u>**Grädde av pumpasoppa**</u>

INGREDIENSER

- 1 pumpa
- 1 lök
- 2 oz. Smör
- 1 pint vatten eller kycklingfond
- 1-pint gräddfil
- 1 hög tsk riven muskotnöt
- salt-
- svartpeppar

VÄGBESKRIVNING:

a) Skrapa fruktköttet från pumpan och låt det stå åt sidan. Behåll skalet för att använda som terrin. Ta bort frön.

b) Bryn hackad lök i smör, tillsätt sedan pumpa. Lägg till vatten.

c) Sjud i 40 minuter. Blanda i gräddfil och låt koka upp. Avlägsna från värme. Tillsätt salt, peppar och muskotnöt. Puré och häll sedan i pumpaskal.

65. Snake kalebass

INGREDIENSER

- 1 orm kalebass-
- ½ kopp benfritt nötkött
- 1 lök, hackad
- 2 matskedar ingefära-vitlökspasta
- 2 gröna chili, hackade
- 1 tsk korianderpulver
- 2 tsk riven kokos
- 1 tsk chilipulver
- 6 curryblad
- 1 ägg
- Olja
- Salt

VÄGBESKRIVNING:

a) Finhacka nötköttet i en mixer och håll det åt sidan.
b) Hetta upp olja i en tryckkokare och fräs löken i 7 minuter på låg värme. Tillsätt ingefära-vitlökspastan och fräs i 2 minuter.
c) Tillsätt sedan korianderpulvret, riven kokos, grön chili, chilipulver, curryblad och spiskummin. Fräs en stund på svag värme.
d) Häll i nötfärsen med salt och blanda väl. Låt nötköttet koka med stängt lock.
e) Öppna locket och låt koka upp om det finns vatten.
f) Fyll sedan på ormkalebassen med fyllningen.
g) Hetta upp olja i en stekpanna.
h) Doppa den fyllda ormkalebassen i ägget och stek den i stekpannan på låg låga på alla sidor.
i) Servera varm.

66. Stuvad Calaloo

INGREDIENSER

- Hackade calalooblad
- 3 matskedar vegetabilisk olja
- 2 hackade vitlöksklyftor
- 2 medelstora lökar
- 1 dl kokosmjölk
- Salt
- Peppar
- Het pepparsås

VÄGBESKRIVNING:

a) Hetta upp olja i en tjock kastrull. Tillsätt hackad lök och vitlök. När de är mjuka, tillsätt kalalooblad och rör tills de är täckta med olja och vissnade.
b) Tillsätt kokosmjölk tills det är tillräckligt för att täcka kalaloo. Sjud tills kalaloon är mjuk och det mesta av mjölken har avdunstat.
c) Tillsätt kryddor och servera som grönsak.

67. Kokosräksoppa

FÖRBEREDELSETID: 25 minuter
TILLAGNINGSTID: 25 minuter
GÖR: 4

INGREDIENSER
- 600g råa räkor, avslöjade
- 1 liten lök hackad
- 2 medelstora morötter hackade
- 1 röd paprika hackad
- 2-3 koppar spenat eller grönkål, hackad
- 2 salladslökar hackade
- en handfull hel okra
- 4 vitlöksklyftor hackade
- 1 msk hackad ingefära
- 1 burk kokosmjölk
- 1 liter grönsaksfond
- 1 tsk skaldjurskrydda
- 1 tsk svartpeppar
- 5 kvistar färsk timjan
- 2 tsk persilja
- 1 skotsk motorhuv
- ¼ tesked röda chiliflakes för värme
- en skvätt färsk limejuice
- ⅛ tesked Himalaya rosa salt
- kokosolja
- 1 matsked tapioka blandat med 2 matskedar varmt vatten för en tjockare soppa

VÄGBESKRIVNING
a) Lägg räkorna i en medelstor skål och marinera med skaldjurskrydda, ställ sedan åt sidan.

b) Smält 2 matskedar kokosolja i en stor kastrull på medelvärme.
c) Fortsätt med att lägga till lök, salladslök och vitlök och fräs tills den är mjuk och genomskinlig.
d) Tillsätt morötter, vitlök, paprika och spenat och fortsätt koka i 5 minuter
e) Tillsätt svartpeppar, persilja, timjan och chiliflakes (om du använder) och rör om och kombinera med grönsakerna.
f) Häll grönsaksfonden och kokosmjölken i kastrullen och låt koka upp
g) Lägg till den skotska motorhuven och sänk sedan värmen till låg med locket på.
h) Sjud i 20 minuter
i) Efter 15 minuter, tillsätt okra och räkor och rör ner tapiokapasta om du vill att soppan ska vara något tjockare
j) Pressa limen över hela soppan och låt puttra i ytterligare 5 minuter.

68. Lågkolhydratkaribisk currykyckling

TOTAL TID: 40 minuter
GÖR: 6

INGREDIENSER
- 2 pund kycklinglår
- 1 msk kryddsalt
- 2 matskedar Blue Mountain Country Caribbean Curry Powder
- 1 stjälk salladslök
- ½ medelstor vitlök
- 1 kvist timjan

VÄGBESKRIVNING
a) Tvätta och rensa kycklingen
b) Krydda kycklingen ordentligt med kryddsalt
c) Tillsätt currypulver, salladslök, lök och timjan i en spraybelagd stekpanna
d) Bryn kycklingen i stekpanna i 10 minuter på hög värme
e) Tillsätt 2 dl vatten, täck över och låt sjuda i 30 minuter, rör om ofta

69. **Karibisk brun gryta kyckling**

GÖR: 4
FÖRBEREDELSETID:1 DAG
TILLAGNINGSTID:50 MINUTER

INGREDIENSER
- 3 kg kyckling hackad i portioner med skinnet borttaget
- 2-3 morötter
- 1 knippe salladslök
- 1 kvist timjan eller tsk torkad timjan
- 1 stjälk salladslök (vårlök)
- 2-3 vitlöksklyftor
- 1-2 tomater
- 1 tsk pepparsås
- Salt
- Svartpeppar
- 1 msk olivolja

VÄGBESKRIVNING
a) Krydda kycklingen med salt, svartpeppar, pressade vitlöksklyftor och hackad salladslök.
b) Marinera kycklingen i minst en timme men helst över natten, täckt i kylen.
c) Hetta upp oljan i en stor nonstick stekpanna.
d) Stek kycklingen några minuter på varje sida, tills den är brun.
e) Ta bort kycklingen från pannan.
f) Stek de hackade morötterna tills de är bruna.
g) Tillsätt hackade tomater, pepparsås, timjan och en kopp varmt vatten i en stekpanna.
h) Låt sjuda i 5 minuter.
i) Lägg till kycklingen i pannan.

j) Tillsätt ytterligare en kopp varmt vatten, minska värmen och täck pannan.
k) Sjud i cirka 30 minuter tills kycklingen är mör och den bruna såsen har tjocknat.

70. <u>Kokosmjölk Conch Chowder</u>

INGREDIENSER
- 1 lb. conch kött
- 1/4 kopp matolja, delad
- 2 salladslökar, hackade
- 1 morot, tärnad
- 1 stjälk selleri, tärnad
- 1 liten röd paprika, tärnad
- 1/2 färska majskärnor
- 2 msk universalmjöl
- 1-quart halv och halv
- 14-ounce burk kokosmjölk
- 2 dl fiskfond
- 1 1/2 msk riven färsk ingefärarot
- Salta och peppra efter smak
- 1 1/2 tsk varm sås
- 1 knippe färsk koriander (koriander), hackad

VÄGBESKRIVNING
a) Lägg konchkött i en kastrull med tillräckligt med vatten för att täcka och koka upp. Koka i 15 minuter.
b) Låt rinna av och finhacka.
c) Smält 2 matskedar olja i en stekpanna på medelvärme och blanda i salladslök, morötter, selleri, röd paprika och majs. Koka och rör om i 5 minuter.
d) Smält de återstående 2 msk olja i en stor gryta och vispa i mjölet för att skapa en roux. Häll i hälften och hälften, kokosmjölk och fiskfond. Blanda i ingefäran och smaka av med salt och peppar.
e) Rör ner conch och grönsaker i grytan. Koka upp, sänk värmen till låg och låt sjuda i 15 minuter. Blanda i den heta såsen och koriander (koriander). Fortsätt koka i 15 minuter, eller till önskad konsistens.

71. Karibisk squashsoppa

GÖR 4

INGREDIENSER
- 1 stor lök, skalad och hackad
- 1 morot, skalad och hackad
- 1 jalapeño, paprika, frön borttagna, finhackade
- 3 matskedar smör
- 2 tsk malen spiskummin
- 2 tsk mald koriander
- 1/2 tsk mald kanel
- 1/2 tsk cayennepeppar
- 1/2 tsk chilipulver
- 1 stor spaghetti squash, skalad och tärnad
- Kycklingfond för att täcka grönsaker, ca 3 dl
- Saft av 1 apelsin
- Saft av 1 lime

ANCHO-KRÄM
- 2 till 3 ancho chili, halverade, skaftade och kärnade
- 6 matskedar mandelmjölk
- 4 matskedar gräddfil
- Salt
- Peppar
- Limejuice efter smak

VÄGBESKRIVNING
a) I en stor tjock gryta, svetta lök, morot och Jalapenopeppar i smör tills den är mjuk
b) Tillsätt spiskummin, koriander, kanel, cayenne och chilipulver
c) Koka i ytterligare 2 minuter på låg värme
d) Tillsätt squash

e) Täck blandningen med fond, saften av en apelsin och saften av en lime. Sjud tills squashen är mjuk, ca 1/2 timme
f) Tillåt kylning
g) Puré blandningen i processor eller använd en stavmixer
h) Lägg tillbaka soppan i pannan, smaka av med salt och peppar
i) Värm upp igen och justera krydda om det behövs
j) Snurra i Ancho Cream
k) Garnera med gräddfil spädd med lite tung grädde
l) Placera dubb i mitten av en soppskål och dra från mitten till utsidan med hjälp av en tandpetare och bilda en stjärna eller spindelnät

72. Karibisk räksoppa

GÖR: 2
TOTAL TID: 20 minuter

INGREDIENSER
- 2 matskedar grön currypasta
- 1 dl grönsaksfond
- 1 dl kokosmjölk
- 6 oz. Förkokta räkor
- 5 oz. Broccoli florets
- 3 matskedar koriander, hackad
- 2 msk kokosolja
- 1 msk sojasås
- Saft av 1/2 lime
- 1 medelstor vårlök, hackad
- 1 tsk krossad rostad vitlök
- 1 tsk finhackad ingefära
- 1 tsk fisksås
- 1/2 tsk Gurkmeja
- 1/2 kopp gräddfil

VÄGBESKRIVNING
a) Smält kokosoljan i en medelstor kastrull.
b) Tillsätt vitlök, ingefära, vårlök, grön currypasta och gurkmeja. Tillsätt soja och fisksås.
c) Koka i 2 minuter.
d) Tillsätt grönsaksfond och kokosmjölk och rör om ordentligt. Koka några minuter på låg värme.
e) Tillsätt broccolibuktor och koriander och rör om ordentligt när curryn har tjocknat lite.

f) När du är nöjd med curryns konsistens, tillsätt räkor och limejuice och rör ihop allt.
g) Koka några minuter på låg värme. Smaksätt eventuellt med salt och peppar.

EFTERRÄTT

73. Ananas kokos tårtor

INGREDIENSER
- 100 g mandlar
- 100 g macadamianötter
- 50 g kokosflingor
- 2 msk kokosolja, smält
- nypa salt

FYLLNING
- 250 g ananas, skalad och skuren i bitar
- 1 lime, saftad
- 1/8 tsk gurkmeja
- 1 kopp (249 ml) kokosgrädde
- 2 tsk agar agar i pulverform

VÄGBESKRIVNING:
SKORPA
a) Värm ugnen till 175C (350F)
b) Tillsätt nötterna och kokosen i en matberedare och mixa tills du har en grov mjölkonsistens. Tillsätt sedan resten av ingredienserna och bearbeta tills det har en våt sandkonsistens. Tillsätt lite vatten om det behövs för att det ska gå ihop.
c) Klä botten av en liten tårtform med löstagbar botten med bakplåtspapper.
d) Tryck ut skorpblandningen i ett jämnt lager och uppför kanterna.
e) Grädda i 10 minuter; gör fyllningen medan den kokar.

FYLLNING
f) Börja med att mixa ananasen i en mixer eller matberedare.
g) Tillsätt limejuice, gurkmeja och kokosgrädde och mixa tills det är slätt.
h) Hetta upp blandningen i en liten kastrull och tillsätt agar-agar. Rör hela tiden och låt koka upp. Koka i några minuter

under omrörning. Kyl något och lägg sedan till den bakade skorpan.
i) Ställ tårtan i kylen i minst 4 timmar.
j) Dekorera med ananas och kokos.

74. Bammie

GÖR 6
FÖRBEREDELSETID: 15 minuter
TILLAGNINGSTID: 1 timme

INGREDIENSER
- Olja, för smörjning
- 1½ lbs. (750 g) kassavarot eller 3 dl mald kassava
- ½ tsk salt
- 4 koppar (1 liter) vatten

VÄGBESKRIVNING:
a) Om du använder kassavarot, skala och riv kassavan för att göra 3 koppar riven kassava. Lägg den i en trasa och vrid ur så mycket vätska som möjligt.
b) Blanda sedan den rivna kassavan eller malda kassavan och saltet i en stor skål och rör långsamt i tillräckligt med vatten för att bilda en deg. Dela degen i 6 lika stora bitar.
c) Smörj en stekpanna med lite olja.
d) Lägg 1 degbit i den smorda stekpannan och tryck tills Bammien är ca 15 cm i diameter.
e) Placera stekpannan på medelvärme.
f) När ånga börjar stiga och Bammies kant krymper något från kanten på stekpannan (efter ca 5 minuter), tryck den platt igen och vänd på den. Koka i ytterligare 5 minuter. Upprepa med de återstående degbitarna, smörj stekpannan efter behov.

75. Callaloo Quiche

GÖR 6-8
FÖRBEREDELSETID: 15 minuter
TILLAGNINGSTID: 45 minuter

INGREDIENSER
- 1 tsk olja
- 12 oz. (350 g) callaloo eller spenat tvättad och torkad, sega stjälkar kasseras
- 1 msk matolja
- 1 medelstor lök, tärnad
- 3 stora ägg, lätt vispade
- 2 koppar (500 ml) mjölk
- 2 skotsk bonnet eller jalapeño chili, urkärnade och malet $\frac{1}{2}$ tsk salt
- Nypa nymald svartpeppar
- 4 oz. (125 g) ost
- 9 tum (23 cm) pajskal, ogräddad
- 1 röd paprika, urkärnad och skuren i strimlor

VÄGBESKRIVNING:
a) Förbered pajskalet
b) Värm ugnen till 425°F (220°C). Hetta upp oljan i en stekpanna på medelvärme. Tillsätt callaloo eller spenat och fräs tills det precis vissnat i cirka 3 till 5 minuter. Ta bort från stekpannan och ställ åt sidan.
c) Sätt tillbaka grytan på spisen, smält matoljan på medelvärme och fräs löken tills den är mjuk, cirka 5 minuter. Tillsätt ägg, mjölk, callaloo eller spenat, chili, salt och peppar och blanda väl.

d) Strö hälften av osten i pajskalet. Häll fyllningen i pajskalet och strö resterande ost över toppen.
e) Ordna remsorna av röd paprika ovanpå och grädda i 30 till 35 minuter tills en kniv som sticks in i mitten kommer ut ren.

76. Gizadas

GÖR: 12-14 tårtor
FÖRBEREDELSETID: 20 minuter
TILLAGNINGSTID: 20 minuter

INGREDIENSER
- 1 kopp nyriven kokos
- 1 tsk nyriven muskotnöt eller malen muskotnöt
- 1 portion pajskal, kyld

VÄGBESKRIVNING:
a) Förbered pajskalet
b) Värm ugnen till 375°F (190°C). Smörj en bakplåt och ställ åt sidan.
c) Blanda kokos och muskot i en skål. Nyp bort små bitar av pajskalsdegen och rulla varje bit till en 3 tum ($7\frac{1}{2}$ cm) cirkel på en lätt mjölad yta.
d) Nyp upp kanten på en degcirkel för att bilda en ås och fyll med 2 till 3 matskedar av kokosblandningen. Lägg på den förberedda bakplåten och upprepa med de återstående degcirklarna.
e) Grädda tårtorna tills de är gyllenbruna, cirka 20 minuter.
f) Kyl på galler.

77. Totoes

GÖR9
FÖRBEREDELSETID: 20 minuter
TILLAGNINGSTID: 35 minuter

INGREDIENSER
- 2 koppar (300 g) mjöl 2 tsk bakpulver
- 1 tsk mald kanel
- 1 tsk nyriven muskotnöt eller malen muskotnöt
- 4 oz. (125 g) osaltad matolja mjukad
- 1 stort ägg, uppvispat
- 2 tsk vaniljextrakt
- Cirka ½ kopp (125 ml) mjölk

VÄGBESKRIVNING:

a) Värm ugnen till 375°F (190°C). Smörj en 8 tum (20 cm) rund kakform och ställ den åt sidan.
b) I en liten skål, kombinera mjöl, bakpulver, kanel och muskotnöt och ställ åt sidan.
c) I en stor skål, kombinera matolja, ägg och vanilj och blanda väl.
d) Rör gradvis i de torra ingredienserna och tillräckligt med mjölk för att göra en tjock deg.
e) Bred ut smeten i den förberedda pannan och grädda i 30 till 35 minuter tills den är gyllenbrun. Kyl på galler och skär i klyftor.

78. Jamaica sorbet

INGREDIENSER
- 2-1/2 koppar torkade Jamaicablad
- 1 liter vatten
- 1/2-ounce färsk ingefära, finhackad
- 1 msk färskpressad limejuice
- 2 matskedar limoncello

VÄGBESKRIVNING:

a) Gör teet. Lägg Jamaicablad i en kastrull eller skål, koka upp vattnet och häll det över bladen. Täck över och låt dra i 15 minuter. Sila av teet och släng Jamaica.
b) Gör sorbetbasen. Lägg ingefäran i en mixer, tillsätt 1 kopp av teet och mixa tills det är helt puréat i 1–2 minuter. Tillsätt ytterligare 1-1/2 koppar te och blanda igen.
c) Häll sorbetbasen i en kastrull och låt koka upp.
d) Ta grytan från värmen så fort sorbetbotten kokar upp. Rör ner limesaften och svalna. Kyl basen tills den når 60°F.
e) Frys in sorbeten. Lägg limoncellon till den kylda basen och häll den i en glassmaskin. Frys tills den är frusen men fortfarande slaskig, 20–30 minuter.

79. Guava Pudding

GÖR 4-6

INGREDIENSER
- ca 6 mogna guava, siktade
- 3 ägg, separerade
- ¾ pt mjölk

VÄGBESKRIVNING:
a) Blanda äggulor och mjölk. Lägg till guava.
b) Grädda i en måttlig ugn, 350 grader Fahrenheit, i cirka 25 minuter.
c) Täck med maräng gjord av vispad äggvita.
d) Återgå till ugnen och grädda tills marängen är brun.

80. Grillad ananas och rom

INGREDIENSER
- Smör
- Rom
- Ananas
- 1-1/4 koppar tung grädde.

VÄGBESKRIVNING:
a) Hetta upp smör i en stekpanna och tillsätt ananas.
b) Tillsätt rom. Fortsätt att laga mat. När det bubblar, ta bort och svalna.
c) Vispa grädde och tillsätt sedan ananasmix.
d) Häll upp i 4 dessertkoppar och servera.

81. Tamarindboll

INGREDIENSER

- 1 pund tamarindmassa, rengjord
- 3 matskedar mjöl
- peppar efter smak
- salt att smaka

VÄGBESKRIVNING:

a) Placera cirka 1 lb. rengjord tamarindmassa i en stor skål. Tillsätt salt och peppar efter smak.
b) Knåda i ingredienserna samtidigt som du separerar fröna.
c) Strö lite vatten över tamarinden för att fukta den lite.
d) Tillsätt salt för att justera smaken. Ta upp tillräckligt med tamarind och rulla den mellan händerna för att göra en boll ca 2 tum i diameter.
e) Förvaras i kylen eller svalt.

82. **Majsmjöl Pudding**

INGREDIENSER

- 3 koppar majsmjöl
- 3/4 kopp universalmjöl
- 5 dl tjock kokosmjölk
- 1/2 tsk blandad krydda
- 1 1/2 tsk salt
- 1 1/2 tsk riven muskotnöt
- 1/2 dl riven kokos

ANVISNINGAR

a) Sikta ihop mjöl och majsmjöl.
b) Blanda salt, muskotnöt, blandad krydda och kokosmjölk.
c) Tillsätt majsmjölsblandningen, rör om tills det inte finns några klumpar.
d) Häll i en smord form.
e) Tillsätt kokos i blandningen.
f) Grädda vid 350°F i en timme eller tills en tandpetare som satts in kommer ut ren.

83. Jordgubbsslushy med havsmossa

GÖR 2

INGREDIENSER:
- 1 dl torkad havsmossa
- 2 dl vatten
- 3 dl jordgubbar, frysta
- 1/4 kopp hemgjord havsmossagel
- 1 hel lime, pressad, plus 2 limeklyftor eller -hjul för garnering
- 1/4 kopp vatten, plus 1 till 2 matskedar till om det behövs
- 2 msk ljus agave nektar
- 10 färska myntablad, plus fler till garnering

VÄGBESKRIVNING:
a) Skölj havsmossan extremt väl för att ta bort skräp som kan ligga kvar i den. Blötlägg den sedan i rent vatten i trettio minuter. Upprepa detta en gång till.
b) När du har slutfört steg ett, blötlägg havsmossan i rent vatten (vänligen använd inte kranvatten) och ställ den i kylen över natten eller i minst tio timmar. Se till att havsmossan har mycket vatten som täcker den eftersom den kommer att förstoras något när den suger upp lite vatten.
c) Följande dag, töm av vattnet och placera havsmossan i en kraftfull mixer tillsammans med två koppar rent vatten.
d) Mixa på hög tills den är slät.
e) Häll gelén i en stor murare.
f) Tillsätt alla ingredienserna i en kraftfull mixer och mixa tills den är extremt slät!
g) Garnera med en limeklyfta och en kvist färsk mynta!

84. Ackee & Sea Moss Mousse

GÖR 4

INGREDIENSER:
- 120g beredd Sea Moss gel
- 200 g mandelmjölk
- 200 g Parboiled Ackee
- Skvätt vaniljextrakt

GARNERING:
- Krossade havsskumsgodis, nötter eller frukter
- Smält choklad eller kolasås
- Vispad kokosgrädde

VÄGBESKRIVNING:
a) Värm upp ackee, mjölk och mossa något. Detta kommer bara att göra dem lättare att blanda.
b) Blanda alla ingredienser. Fördela jämnt mellan 4 glas.
c) Kyl tills det stelnat.
d) Servera garnerad efter önskemål

85.   Irish Moss Fruit Gel Dessert

GÖR8

INGREDIENSER
- 1 näve irländsk mossa
- 1 kvist mynta eller tepåse med mynta
- 1/2 kopp äppeljuice
- 1 citron saftad
- 1 äpple
- 1 päron
- 1 dl blandade bär

VÄGBESKRIVNING:
a) Ta en näve av mossan och blötlägg den i kallt vatten i en stor gryta. Efter några minuter börja gnugga mossan med fingrarna.
b) Skölj flera gånger i en sil och blöt igen i nytt vatten bara för att täcka mossan i en halvtimme.
c) Tillsätt en kvist mynta eller en myntapåse och låt koka upp. Sänk till sjud och koka i en halvtimme, rör om då och då.
d) Låt svalna något och häll i en sil över en stor skål. Låt rinna av och skrapa bort den tjocka såsen från botten av silen med en gummispatel. Kassera resten av mossan.
e) Till denna juice tillsätt 1/2 dl äppeljuice.
f) Häll upp i en mindre skål och tillsätt uppskuren frukt: äpple, päron, blåbär och hallon. Täck över och kyl över natten eller tills den stelnat.
g) Medan du gör gelen, stuva frukt tillsammans i en separat kastrull och tillsätt kanel, vanilj, hackade nötter och sötningsmedel efter smak.

h) Lysa upp den med citronzest eller apelsinzest eller citronsaft om du vill. Kombinera med gelen och låt allt svalna.

i) Kyl över natten, eller tills den stelnat. Servera med vispad grädde.

86. Pumpa bröd

GÖR: 10 skivor
TOTALTID: 20 MINUTTER

INGREDIENSER
TORRA INGREDIENSER
- 1 1/2 kopp mandelmjöl
- 1/4 kopp Chiafrön
- 1/4 kopp sötningsmedel
- 1/4 kopp pistagenötter
- 2 tsk bakpulver
- 1 1/2 tsk Pumpkin Pie Spice
- 1/2 tsk Kosher salt

VÅTA INGREDIENSER
- 1/2 kopp pumpapuré
- 1/2 kopp kokosmjölk

VÄGBESKRIVNING
a) Värm ugnen till 350 grader Fahrenheit.
b) I en stor mixerskål, sikta ihop alla torra ingredienser.
c) Blanda sakta ner pumpapurén och kokosmjölken.
d) Smörj en vanlig brödform lätt.
e) Lägg degen i brödformen och fördela den jämnt. Tillsätt pistagenötter om så önskas.
f) Grädda bröd i 15 minuter.
g) Ta ut brödet ur ugnen och ställ det åt sidan för att svalna.
h) Skär i skivor och servera!

87. **Karibisk pumpapaj**

GÖR: 8 SERVERINGAR
TOTAL TID: 15 minuter

INGREDIENSER
- 1 pajskal
- 1 (16-ounce) burk fast pack pumpa
- 1 (12-ounce) paket med fast silken tofu, avrunnen och klappad torr
- 2 tsk mald kanel
- 1/2 tsk mald kryddpeppar
- 1/2 tsk mald ingefära
- 1/2 tsk mald muskotnöt

VÄGBESKRIVNING
a) Mixa pumpan och tofun i en matberedare tills den är slät. Tillsätt kanel, kryddpeppar, ingefära och muskot tills det är slätt.
b) Värm ugnen till 400 grader Fahrenheit.
c) Fyll skorpan med fyllningen. Grädda i 15 minuter vid 350°F.

SMOOTHIES OCH DRYCK

88. Tropisk fruktmousse

GÖR 6
FÖRBEREDELSETID: 5 minuter
TILLAGNINGSTID: 5 minuter

INGREDIENSER
- 1 kopp (250 ml) osötad ananasjuice
- 1 kopp (250 ml) färsk ekologisk bärjuice
- 1 kopp (250 ml) osötad vispgrädde

VÄGBESKRIVNING:
a) Värm över hög värme.
b) Sänk värmen till medel och låt sjuda under konstant omrörning i 5 minuter tills blandningen tjocknar. Ta av från värmen och svalna helt.
c) Vänd ner den vispade grädden i den avsvalnade juiceblandningen. Häll upp i 6 individuella serveringsfat och ställ i kylen tills de är kallt.

89. Coquito

FÖRBEREDELSETID: 5 minuter
TILLAGNINGSTID: 5 minuter
GÖR: 6 1/2 koppar

INGREDIENSER
- 1 12,2 oz. burk indunstad kokosmjölk
- 1 15 oz. burk kokosgrädde
- 2 koppar kokoskondenserad mjölk
- 1 1/2 kopp vit rom
- 1/2 kopp vanlig osötad växtmjölk
- 1 tsk vaniljextrakt
- 1/2 tsk kanel
- 1/4 tsk muskotnöt

VÄGBESKRIVNING:
a) Tillsätt alla ingredienser i en mixer och mixa på hög hastighet tills det är helt blandat (ca 1-2 minuter). Du vill vara säker på att kokosgrädden är inkorporerad.
b) Ställ in i kylen och låt svalna i minst en timme innan servering. Det kommer att tjockna när det fryser. Servera med en kanelstång till garnering och ett stänk kanel.

90. Sorreldryck

GÖR: 8 koppar
FÖRBEREDELSETID: 5 minuter + 5 dagar till brant

INGREDIENSER
- 1 oz. (30 g) torkade syrablad
- 1 kanelstång
- 1 bit torkat apelsinskal
- 6 hela nejlikor
- 8 koppar kokande vatten
- 4 matskedar medium-mörk rom
- 1 tsk mald kanel
- $\frac{1}{4}$ tesked mald kryddnejlika

VÄGBESKRIVNING:
a) I en stor värmebeständig burk, kombinera syrabladen, kanelstången, apelsinskalet och hela kryddnejlika.
b) Häll i det kokande vattnet. Täck över löst och låt stå i rumstemperatur i 2 till 3 dagar.

c) Sila syrablandningen och tillsätt rom, mald kanel och mald kryddnejlika. Täck över och ställ i kylen i ytterligare 2 dagar. Sila genom en fin sil klädd med ostduk.
d) Servera i kylda glas över isbitar, om så önskas.

91.   Soursop Drink

GÖR2
FÖRBEREDELSETID:5 minuter

INGREDIENSER
- 125 ml färsk eller fryst soursop, skalad, frön borttagna
- Saft av 1 lime
- 2 koppar (500 ml) vatten
- 2 msk sötad kondenserad mjölk
- 2 msk vit rom
- Nypa nyriven muskotnöt eller malen muskot Krossad is

VÄGBESKRIVNING:
a) Blanda alla ingredienser i en mixer och mixa tills det är slätt.
b) Servera över krossad is och garnera med ytterligare riven muskotnöt.

92. KaribienSea Moss drink

INGREDIENSER

- 1 kopp cashewnötter
- 2 matskedar irländsk mossgel
- 1/2 matsked sojalecitin generös nypa salt
- 2 matskedar mandelessens
- 3 koppar vatten
- 1/2 kopp agave
- 1/2 matsked kanel
- 1/2 tesked muskotnöt

VÄGBESKRIVNING:

a) Blanda väl, sila, kyl och servera.
b) För att göra irländsk mossgel, blötlägg 1 kopp irländsk mossa i en stor skål med vatten över natten. Blanda sedan med två koppar vatten tills gelliknande.
c) Förvara den i kylen vid behov. Det ska vara bra i minst två veckor.

93. <u>Sorreldryck</u>

INGREDIENSER
- 1 kopp torkade syrablad
- 1 msk kryddnejlika
- 1 bit torkat apelsinskal
- rom

VÄGBESKRIVNING:
a) Koka upp 2 liter vatten.
b) När vattnet kokar, tillsätt syra, apelsinskal och kryddnejlika.
c) Koka i 30 minuter.
d) Täck tätt och brant över natten.
e) Sila och tillsätt rom efter smak.
f) Kyla och servera.

94. Jamaica kylare

GÖR: 6

INGREDIENSER
- 2 koppar Jamaica blommor
- 6 koppar vatten; kokande

VÄGBESKRIVNING:
a) Tillsätt blommorna i det kokande vattnet, rör om medan blandningen kokar i en minut.
b) Häll blandningen i en icke-frätande skål och låt dra i 2 timmar. Sila genom en sil, tryck på blommorna för att få ut så mycket vätska som möjligt.
c) Smaka för styrka och sötma.
d) Täck över och kyl, förvaras i en icke-frätande behållare, tills det är dags att servera

95. Caribbean Planters punch

GÖR: 1 portion

INGREDIENSER
- 1 del färsk lime- eller citronsaft
- 3 delar mörk rom
- 4 delar krossad is
- 1 streck Postural bitters
- Maraschino körsbär att dekorera

VÄGBESKRIVNING:
a) Skaka limejuice, rom, is och bitter kraftigt, häll upp i höga glas och garnera vart och ett med ett körsbär.

96.   <u>Café Calypso</u>

INGREDIENSER

- 4 koppar nyperkolerat kaffe
- 8 matskedar mörk rom
- 12 matskedar romlikör
- 1/4 pint vispgrädde

VÄGBESKRIVNING:

a) Blanda romlikör och rom försiktigt med kaffet i en värmetålig kanna. Kaffet ska vara varmt men inte koka.

b) Servera drinken i stora kaffekoppar, toppad med vispad grädde.

97. Tropisk smoothie

GÖR: 1
TOTAL TID: 4 minuter

INGREDIENSER
- Isbitar
- 3/4 kopp osötad kokosmjölk
- 1/4 kopp gräddfil
- 2 matskedar Gyllene linfrömjöl
- 20 droppar flytande stevia
- 1/4 tsk blåbärsextrakt

VÄGBESKRIVNING
a) Blanda alla ingredienserna i en mixer.
b) Mixa i 1-2 minuter på hög hastighet, eller tills konsistensen tjocknat.
c) Servera utomhus en varm dag, slappna av och njut!

d)
98. Gurkspenat smoothie

GÖR: 1
TOTAL TID: 4 minuter

INGREDIENSER
- 2 nävar spenat
- 1 kopp gurka, skalad och tärnad
- 7 isbitar
- 1 dl kokosmjölk
- 2 droppar flytande stevia

VÄGBESKRIVNING
a) I en mixer, kombinera spenat med isbitar, kokosmjölk och stevia. Lägg gurka ovanpå.
b) Mixa i 1-2 minuter, eller tills alla ingredienser är ordentligt kombinerade.
c) Häll upp i ett stort glas och smutta långsamt, njut av den söta, uppfriskande smaken!

99. Krämig kakaomossa

GÖR3
INGREDIENSER:
- 3 koppar vatten
- 1 näve råa mandlar eller valnötter
- 1 msk kokossmör
- 1 avokado
- 1 msk kakaomossa
- 1/2 tsk kanel & muskotnöt

VÄGBESKRIVNING:
a) Mixa alla ingredienser tills det är slätt och krämigt.
b) Njut av.

100.   <u>**Hot Sea Moss Smoothie Blend**</u>

INGREDIENSER:
- 1/2 matskedar Sea Moss Smoothie Blend
- 1/2 tsk vaniljextrakt
- 3 matskedar valnöt
- 1 liter kokt vatten

VÄGBESKRIVNING:
a) Mixa alla ingredienser på hög nivå.
b) Njut av!

SLUTSATS

Den här boken innehåller karibisk fusionsmatlagning med en ljusare, fräschare, modernare twist för 2000-talet - ett kök som får dina smaklökar att hoppa av glädje och din fantasi föra dig nerför öarna. Så fortsätt och njut av en smak av Karibien idag!

www.ingramcontent.com/pod-product-compliance
Lightning Source LLC
Chambersburg PA
CBHW070659120526
44590CB00013BA/1023